世界に一人しかいない
あなたの魅力をもっと磨くために……

Live life with Passion!

自信という最上のドレスの手に入れ方

それは小さな積み重ね

エリカ・アンギャル

幻冬舎

Prologue

はじめに

第一印象は、最初のわずか7秒でほぼ決まってしまうという研究結果があります。相手に良い印象を与えるために、あなたなら何を頑張りますか？　洋服？　メイク？　アクセサリー？　もちろんそれらも役立ちますが、最も効果的なのはその人が醸し出す「自信」です。

例えば、ある女性に初めて会って、後でその人の印象を語る時、英語で言う“She seems confident!”は、「彼女、自信があって魅力的ね！」という最上級の褒め言葉になります。しかし、日本の皆さんには、「自信があるように見える」は、「彼女、自信満々ね」と少し違った印象に聞こえてしまうかもしれません。英語の“Confidence”（自信）は、決して“Arrogance”（傲慢）ということではなく、自分を受け入れ、自分らしくいられる人が醸し出す自然体の雰囲気を表現しているのだと思います。

アメリカ人の約3分の2が、「自信を持っている人」＝「魅力的な人」と答えたという調査結果があるほど、「自信」という輝きに満ち溢《あふ》れた人、自分らしく自然体でいられる人は、男女かかわらず、相手に魅力的な印象を与えるのです。

これまで、たくさんの女性を見てきましたが、**日本人女性のファッションのレベルやメイクの完成度、肌の美しさ、細部へのこだわり、繊細な美意識は、世界一だと私は思っています。しかし、ほぼ完璧に見える美しい絵画のパズルの中で、たったひとつだけ、足りないピースがあることに気が付きました。それが、この"Confidence"（自信）です。**

各国の高校生に「自分に価値があると思うか」という質問をした調査があります。「そう思う」「まあそう思う」と答えた人は、アメリカでは89％、中国では87％、韓国では75％と高い割合だったのに対し、日本では36％という低い数値にとどまったそうです。常に謙虚であることは日本人の素晴らしい美徳だと思いますが、それだけでは説明できない、日本人の自信のなさを表しているようで、とてもショックを受けました。

「自信」を持つということは、自分が誰かより優れていると思うことではありません。自分と向き合い、あるがままの自分を受け入れ、自分が自分でいることに心地よさを感じ、自分のことを好きでいる状態のことです。

この本では「自信」を持つための具体的なエクササイズをご紹介します。急に自分の気持ちを変えるのは難しいと思うかもしれませんが、どんな些細《ささい》なことでもいいのです。少しずつでも小さな「自信」を積み重ねていくことで、それが「自分が自分でいることの自信」になり、どんなに高価なドレスよりも、あなたを美しく、魅力的に見せてくれるオーラになるのです。

日々口にする食べ物が身体《からだ》に影響を与えるように、日々の思考があなたの気分に影響を与え、さらには未来の幸せや自己評価をも左右します。この本では、身体のために食べ物を賢く選ぶように、あなたの心に栄養を与える〝思考〟を手に入れる方法について、お話しさせていただきたいと思っています。

「自信」を持つことは、幸せへの第一歩。日本の女性の皆さんが、フィジカルな美しさだけでなく、メンタルな美しさも手に入れて、さらにハッピーな毎日を過ごせるよう、願いを込めて――。

エリカ・アンギャル

Contents

第2章 自信を持つことが、なぜ大事かお分かりですか？

第3章

自信を持つためのエクササイズを始めましょう

第4章　歳を重ねるって、とっても楽しい！……141

第１章

日本の女性たちに伝えたいこと

1

さぁ、〝痩せたい病〟の治療から始めましょう。

私がこれまでカウンセリングしてきた日本人女性の悩みで、ダントツで多いのが「痩せたい」という悩み。驚くべきことに、そのほとんどは痩せる必要のない人たちです。痩せなければいけないどころか、不健康なほど痩せているのに「もっと痩せたい」と本気で悩んでいる女性も……。先進国34カ国の中で最も肥満率が低く、一番スリムな日本人が、どうして「自分は太っている」と思い込んでいるのでしょう?

ひと言で「痩せている」と言っても、その度合いには違いがあります。英語では“Slim”(スリム)と“Skinny”(スキニー)という言葉がありますが、このふたつは全く違う痩せ方を意味します。〝スリム〟は健康的で引き締まった痩せ方、〝スキニー〟は病的でガリガリの痩せ方です。日本の、特に10~20代の女性は痩せすぎの人が多く、外国人の視点で見ると、〝スリム〟を通り越して、明らかに〝スキニー〟になっています。

この〝スキニー〟という言葉は決していい意味で使われることはありません。しかし、日本の女性の栄養コンサルティングをしたり、講演会で会った人たちの話を聞いたりすると、彼女たちが目指している理想の体型は明らかに、この〝スキニー〟なのです。

たしかに海外のスーパーモデルは〝スキニー〟です。モデルは自分を美しく見せるためではなく、洋服を見せるための体型を維持しているプロです。しかし、あなたの目指す体型は、彼女たちのようにガリガリの体型ですか？　海外のセレブといわれる人たちは、決してスーパーモデルのように〝スキニー〟ではありません。アカデミー賞やグラミー賞の授賞式でレッドカーペットを歩いている女優やアーティストを思い浮かべてください。女性らしいカーヴィーなボディラインをキープしています。メリハリのある体型ですが、決してガリガリではないですよね。これが、〝スリム〟なのです。**私が皆さんに目指してもらいたいのは〝スキニー〟ではなく、彼女たちのようにヘルシーでバイタリティの溢れる〝スリム〟です。**

もしあなたが「もっと痩せたい」と思っているならば、どうしてそう思うのでしょう？テレビや雑誌に出ているモデルの人たちと比べて太っているからですか？　では、あなたはモデルの人たちのような体型になる必要がありますか？　もしかしたら、あなたが目指しているのは「痩せる」ことではなく、「キレイになること」ではないですか？

日本人女性は、体重、ウエストや太ももの太さ、そしてカロリーなどの数字への執着がものすごく強いと思います。先日ティーンネイジャー向けの雑誌の取材を受けた際に、今時の10代の女の子たちは皆、39kgを目指してダイエットしていると聞いて、気絶しそうなくらい驚きました。身長163cmの人と153cmの人が同じ体重を目指すことの無意味さは、冷静になって考えれば誰でも分かることです。なのに、39kgという数字だけが一人歩きをして、とにかく自分も他のみんなと一緒に「39」という目標に向かってがむしゃらにムリなダイエットをしているという現状……。雑誌のグラビアアイドルが〝公称〟しているスリーサイズを目指してB90、W58、H88になろうと必死になったりするなんて……。本当の美しさはこれらの数字がもたらしてくれるわけではないのです。

最近は身長の差を加味した、BMIという数値［Body Mass Index／体重kg÷（身長×身長m）の数式で導き出す体格指数］もダイエットの指標として使われるようになってきました。体重だけで比較するよりは良いと思いますが、それでもBMIの数字だけで単純に美しさを測ることはできません。

例えば、全く同じ身長１５８cmのＡさんとＢさんがいるとします。Ａさんは49kgでＢＭＩ値が19・6。Ｂさんは53kgでＢＭＩ値が21・2。この２人を比較した場合、ＢＭＩ値が低いＡさんの方が美しいと想像してしまいますか？　しかし、実際はＢＭＩ値が高いＢさんの方が、ほどよく鍛えられた筋肉でボディラインがキープされ、よりヘルシーで美しく見える、ということもあるのです。逆にＡさんは、体重は軽いのにお腹や太ももが脂肪でたるんでいて太って見えるということもあり得ます。脂肪は筋肉より軽いので、当然体重も軽くなりますし、ＢＭＩ値も低くなりますが、大切なのはその数字ではなく、全体のバランスとしてどういう印象かということなのです。

このことからもお分かりいただける通り、体重やＢＭＩ値などの数字ばかりにこだわるのはとても危険な罠です。本当の美しさを手に入れたいのならば、数字を小さくすることではなく、健康的に美しくなることを目指して欲しいのです。他の人がそう言っているから、テレビや雑誌でそう言っているからという理由だけで、体質も遺伝子も違う人たちが一斉に同じ数字の体重を目指しているなんて絶対におかしいのです。ＢＭＩ値19・0や

18・5を美容体型、モデル体型などと言って目標にしている雑誌やウェブサイトもあるようですが、そんな数字は絶対に信じてはいけません！　目標にするにしても、せいぜいBMI値20・0までにしておいた方がいいですよ。人はそれぞれ持って生まれた体質がありますす。この数字を達成できればキレイになれるという絶対的なルールは存在しないのです。

メディアに出ている痩せすぎのモデルさんを目標にして無理なダイエットをするのは今すぐやめてください!!　**本当の美しさは体重やウエストの数字で測られるのではなく、自分らしさを受け入れ、自分に心地よさを感じることができる心と身体のバランスのとれた状態から生み出されるのです。**今のままで充分スリムなのに、**自分は太っていると思い込んでいる〝痩せたい病〟の皆さん、数字の奴隷になるのはもうやめましょう。**まずは、その間違った認識を治療することが、自信を持つための第一歩ですよ。

2 新しい美の世界基準は〝生命力〟。

男性は女性が思っているよりも、実は痩せていない女性の方が好き、という話を聞いたことがありませんか？　これにはきちんとした根拠があるのです。

猿から進化して人類が地球上に現れてから現在に至るまで、自由に食べたい時に食べられるようになったのは、わずかここ１００〜２００年のこと。人類の歴史を１日の長さにたとえ、猿人の誕生が0時00分、現在が24時00分だとすると、農耕が始まって安定的に食事をとれるようになったのは23時56分だそうです。つまり、その時間のほとんどが飢餓との戦いだったわけです。この長く苦しい経験から、ヒトの脳には「ガリガリの体型＝生命力がない」「ほどよく脂肪のついた体型＝生命力がある」と感じるプログラムがインプットされているので、充分な食べ物を摂《と》れずにガリガリになっている人には魅力を感じにくいのです。特に女性はある程度の脂肪を蓄えておかないと子供が産めなくなってしまいますから、男性はほどよく脂肪のついた女性を見た時に「この人は健康な子を産んで、自分の遺伝子を残してくれそうだ」ということを無意識のうちに察知して、本能的に惹《ひ》かれるというわけです。

例えば、ブラジルではお尻の大きな女性がモテるとか、アメリカでは女性でもある程度筋肉がついて引き締まった身体が理想だとか、どういう女性が魅力的かということは国や文化によってさまざまですが、**男性が生命力溢れる女性に惹かれるということは世界中どこへ行っても変わりません。**

それなのに日本の女性は痩せることだけに全神経を集中させてしまい、生命力まで失ってしまっている人が多すぎます。痩せすぎるとエストロゲンという女性ホルモンの分泌が減り、一気に老化が進んでしまうので、10代や20代であってもお肌がシワシワになったり、骨がスカスカになったり、生理が止まってしまったり、将来赤ちゃんが産めない身体になってしまう危険性もあるのです。どんなに頑張ってダイエットをして目標の体重に達したとしても、こうなってしまっては全くもって意味がありませんよね？

今、世界では、女性に危険な痩せ願望を植え付ける情報発信を規制する動きが出てきています。2012年には雑誌『VOGUE』が、摂食障害のあるモデルは起用しないという声明を世界19カ国で同時発表しました。また、〝プラスサイズモデル〟と呼ばれる少しぽっちゃりとしたモデルたちが、『VOGUE』や『ELLE』『COSMOPOLITAN』などの有名ファッション誌の表紙を飾ったり、広告で採用されたりしています。つまり、読者である一般の女性により近いリアルなサイズの女性たちが続々とメディアに登場し、支持されているのです。

日本の女性の皆さん！　「痩せる＝キレイ」という古い価値観は今すぐ捨ててください！　新・世界基準のヘルシーで生命力溢れる身体を目指せば、身体と心のバランスがとれ、自信に満ち溢れた本当の美しさを手に入れることができますよ。

3

小顔信仰は日本だけの価値観です。

「小顔になるにはどうしたらいいですか？」

テレビや女性誌の取材でも、講演会やサイン会でも、とにかくよく聞かれる質問です。

あまりにも頻繁に質問されるのでもう慣れてしまいましたが、実は最初の頃はとても「？・？・？」な気分でした。

「小顔……Ko－Gao……Small Face……？？？　もしかして、日本人の女性は顔が小さいことが魅力的だと思っているの!?」

よくよく日本の雑誌やウェブを見てみると、小顔になるためのマッサージ方法、小顔に見せるためのメイク術やヘアスタイル、着こなし術、さらには小顔に写るための写真の撮られ方など、驚くほどたくさんの情報が溢れていて、日本人女性の〝小顔信仰〟の強さに愕然としました。

一番驚いたのは、バラエティ豊かな〝小顔グッズ〟たち。中には使用しているところを絶対に人には見られたくないようなユニークなものもあって、日本人女性の涙ぐましい努力は、外国人にとって相当ショッキングに映ると思います。

もちろんそれぞれの文化にそれぞれの美の基準があります。ただ、「なんで私の顔はこんなに大きいのかしら……」と悩んでいる日本人女性に、ひと言伝えたいのです。**世界では、「小顔」は褒め言葉ではありません、**と。

もし、あなたが海外から日本に来たばかりの外国人に"Your face is so small!"（お顔が小さいですね！）と言ったとします。それは褒め言葉のつもりでも、その人は褒められているのか、それともかわいそうだと思われているのか、はたまた侮辱されているのか分からず、どうリアクションしていいか戸惑ってしまうかもしれません。それくらい〝顔が小さい〟ということは美しさとは関係のない要素なのです。

同様に顔が大きいことも、その人の美しさには何の関係もありません。むしろ、大きな顔の方がやわらかい雰囲気を醸し出すことができますし、日本人が若く、かわいらしく見える理由のひとつではないかと思うほどです。

相手に与える第一印象で一番大切なことは、顔のサイズの大小などより、あなたの笑顔がどれだけ輝いているかということです。顔の大きさにコンプレックスを持っている日本人女性の皆さん、鏡を見るたびにため息をつくのは今日でおしまい！

これからは、今まで小顔を作るために費やしてきたパワーを、魅力的な笑顔を作ることに注いでいきましょう。

4

〝カワイイ〟から卒業しましょう。

携帯電話やスマートフォンのカメラ、デジカメ、プリクラ……。日本の方はカメラで撮られることに慣れていて、本当にお上手ですよね。かわいく写るためのメイク術やヘアアレンジ、目線やアングルまで熱心に研究して、実際とてもかわいく写っているのですが、最後の最後で「あぁ、残念……」と思うのが「ピースサイン」です。

エレガントな女性を目指すなら、写真撮影の時のピースサインから卒業しましょう。その手のサインひとつで、大人の女性としての魅力が半減してしまいます。

これはミス・ユニバース・ジャパンのファイナリストたちも最初のレッスンで教えられていた基本中の基本。ピースサインが絶対にNGということではありませんが、「ハイ、チーズ！」の声に反応して無意識についピースサインをしているだけなら、そろそろやめた方がいいですよ。それよりも、背筋をスッと伸ばして、気持ち肩を引いたポーズをとるだけで、写真の中のあなたの印象がグッとアップして、自信に満ち足りたオーラが醸し出されます。

もうひとつ、違和感を覚えるのが、「内股歩き」です。英語では"Pigeon Toe"（ピジョン・トゥ）＝「鳩《はと》歩き」と言うのですが、かわいらしいというポジティブなニュアンスはなく、どちらかというと幼さが抜けきれていないというネガティブなニュアンスで使われます。ですから、着物を着ているわけでもないのに大人の女性が内股で歩いているのを見かけると、外国人はかなり驚きます。

同様に、誰かと話している時に、「キャ〜！」「ヤダァ〜！」「ウッソォ〜！」という幼さを装ったリアクションをとる女性にも、目が点になってしまいます。

日本では「カワイイ」という褒め言葉があちこちで使われていますが、女性に対しても成熟した美しさよりもかわいらしさが求められる傾向が強いように思います。しかし、**カワイイ方が男性ウケがいいからという理由だけでいつまでもカワイイ自分を演出していると、いずれ痛々しさが増してきます。**

「カワイイ」が必ずしも「キレイ」や「美しい」に繋《つな》がるわけではないのです。年齢を重ねるごとに、痛々しさではなく、成熟した美しさが増していくよう、写真撮影の時の手の置き場所を考えてみてください。

5 どうして日本の女性は手で笑顔を隠しちゃうの？

日本に住んで計18年になりますが、未《いま》だに疑問に思うことがたくさんあります。そのひとつが、**日本人女性が笑う時に手で口を覆う仕草**。

正直言って「もったいない！」。

笑顔は最高のコスメといわれるほど、その人を魅力的に見せてくれる強力な武器なのに、どうしてその素敵なスマイルを隠してしまうのでしょう？　外国から日本を訪れた友人に、「どうして日本の女性は話しながらしょっちゅう顔をカバーするの？」と何度か聞かれたことがありますが、それほど外国人には珍しく映るのです。

緊張するとつい手が動いてしまう、という人もいるかもしれませんが、意識して堂々と笑顔を相手に見せるようにしてみてはいかがでしょう。それだけで、今よりずっと魅力的な雰囲気を出せるようになりますよ。

それに、スマイルにはもうひとつ嬉《うれ》しい効果があります。笑っている時はエンドルフィンなどのハッピーホルモンが出て、ストレスレベルを下げてくれるのです。さらに、**実際は落ち込んでいる時でも、口角を上げてフェイクスマイルをしていると、脳が「今、ハッピーだ」と勘違いをして、ハッピーホルモンを分泌してくれます。逆にしかめっ面《つら》をしているとコルチゾール、アドレナリン、ノルアドレナリンなどの神経伝達物質が分泌され、それによって血圧が上がったり、免疫力が弱まったりします。**

生きていれば毎日楽しいことばかりではありませんが、ビッグスマイルで明るくストレスを乗り越えていきましょう！

6 〝誰コレ？〟修整後の自分にシンディ・クロフォードも呆れたほど。

日本人女性の〝痩せたい病〟は世界的に見ても重症であることはすでに書いた通りです。ですが、その痩せたい願望を作り出しているものは何でしょう？　最も影響力の強いものは、テレビや雑誌など、マスメディアに掲載される広告ではないかと思います。

私たちが毎日接している美しい女性の広告。それらが無意識のうちに「もっと痩せなければ……もっとキレイにならなければ……」という強迫観念を植え付けていることをご存じですか？　そもそも、マスメディアに登場する〝美しい女性〟たちは、ほとんどが撮影後に修整を加えられています。スーパーモデルのシンディ・クロフォードでさえ、できあがった修整後の自分の写真を見て、「これじゃあシンディには見えないわね……」と呆れたほど。

まず、メディアに露出している美しい女性のイメージは単なるプロジェクション（幻影）だということを知りましょう。その幻影を目標に、自分もそうなりたいと思って無理な食事制限をしたりすることが、どれだけ意味のないことか……。セレブと呼ばれる人たちは、スタイリスト、メイクアップアーティスト、シェフ、トレーナー、栄養士など、専門知識を持ちサポートしてくれるプロのスタッフを抱え、万全の体制で美しさを磨いています。しかし、それほどまでに環境を整えて挑んでいても、撮影後に画像加工ソフトで修整されることもあるのです。

メディアに載せられたイメージに踊らされることなく、しっかりと自分の目と頭で、自分の理想像を描くことが大切。他の誰かと比べるのではなく、自分史上最高の美しさを目指すことこそ、本当に意味のあることだと思います。

7 食べないダイエットでは、心に闇が生まれます。

テレビや雑誌のモデルを眺めながら、「私もあんなキレイに生まれてきたらよかったのになぁ」なんて羨《うらや》ましく思うことはありませんか？　中にはごく稀《まれ》に、自然体で痩せ型の人もいますが、モデルや美容の業界に身を置いている女性は、口にする食べ物のカロリーをいつも計算したり、とても厳しいダイエットをしていたり、もっとひどいとほとんど食べていなかったり、食べた物を吐いたりしている人もいるのです。

実際、私がミス・ユニバース・ジャパンの公式栄養コンサルタントを務めた8年間、ほぼ毎年、ファイナリストから拒食症や過食症と闘っていることを内緒で打ち明けられました。彼女たちは、一見美しいプロポーションを保っているように見えても、話してみると心の奥に潜む闇が見え隠れして、残念ながら本当の美しさのオーラを放つことはできませんでした。

スーパーモデルが体型を保つために過酷なダイエットをしているという話は数えきれないほどあります。中でも衝撃的だったのは1980年代半ばのスーパーモデルで、ミッキー・ロークの元妻としても知られるキャリー・オーティスです。彼女は一日にブラック・コーヒーを4〜6杯、たばこを数パック吸うのみで空腹を紛らわし、さらに毎日欠かさず2時間もの激しい運動をこなしていました。

ある日、動悸が激しくなり救急病院に運ばれると、心臓に3つ穴が開いていることが分かりました。何年もの間の栄養不足、保湿不足、睡眠不足、ストレスの影響で、髪の毛は抜け落ち、肌もボロボロだったにもかかわらず、撮影の時はウィッグやメイクでごまかし、さらに映像や写真では美しく修整されていたので、一般の人たちは彼女を美の女神として崇《あが》めていたのです。

彼女は自身の壮絶な経験を本にまとめ、強いメッセージを発信しています。現在はアメリカの National Eating Disorders Association（摂食障害協会）の大使として、モデル体型に憧れて間違ったダイエットにはまり、拒食症、過食症という暗黒のスパイラルから抜け出せなくなった人たちを救う活動に尽力しています。

長年の無理なダイエット、拒食、過食は、見た目、健康、代謝、ホルモンに大きな影響を与え、老化を加速させるだけでなく、日々の気持ちをも変化させます。テレビや雑誌で作られた美しい幻想には絶対に騙《だま》されないでください。美しくいるということは健康でいることなのですから！

8

たとえ美しく着飾っても1分間の会話で中身の浅さはバレてしまいます。

日本では〝若さ〟に対する執着が他の国に比べて特に強いようですね。もちろん、肌のハリや透明感など、若々しい輝きをいつまでも保ちたいという気持ちは万国共通ですが、見た目の若さだけに価値を見出し、それにすがって生きている人は、見ている方も痛々しい気持ちになってしまいます。

若いというだけでちやほやされていた時期が終わり、外見に衰えを感じ始めた時、その生物学的な変化を前向きに受け入れるか、血眼《ちまなこ》になって見た目の若さを維持しようとするかでは、その後の美しさは全然違ってきます。加齢による変化を受け入れることは、決して女を捨てるという意味ではありません。その変化を受け止め、自分を慈しみながら次のステージを満喫できる女性こそ、本当の美しさを放つことができるのです。

70年代に一世を風靡《ふうび》し、『TIME』誌の表紙も飾ったスーパーモデル、シェリル・ティーグスは、今年2014年で67歳になりますが、ますます魅力を増しているように思います。彼女は、「美しさの鍵は、常に向上心を持って学び続けること。そして、豊富な話題を持っていること」という言葉を自分に言い聞かせているそうです。そして、それこそが美しく歳《とし》を重ねる秘訣《ひけつ》だと語っています。

若い時よりもさらに知的好奇心のアンテナを広げ、語学や趣味、旅行、子供の教育、そして環境や貧困、自殺の問題、女性の地位向上など、自分が情熱を捧げられるものについて深く学ぼうとする姿勢こそが、高価な美容液よりも効果的なのです。

あなたにどれだけの経験があり、どれだけ話の引き出しがあるかは、初対面でも1分話せば分かってしまいます。男性にちやほやされなくなるのを恐れて、必死に若さにしがみつくより、今のうちからしっかり経験を積んで、会話で相手に「この人は素敵だな」と思わせる魅力を養っておきましょうね。

9 男性に「察して欲しい」は通用しません。

男女間のコミュニケーションで女性が持つ不満は、いつの時代も「どうして分かってくれないの？」ではないでしょうか。女性は察することが得意な生き物なので、男性も当然それができると思い込んでしまいがちですが、実はそこが危険な罠。男性は察することなどできません。それは、その彼が悪いのではなく、そういう生き物だからです。ですからそこに腹を立てても仕方ありません。このことは万国共通ですが、特に日本の女性は、男性に気持ちを伝えるのが苦手という人が多いような気がします。

よくある悲劇は、女性が不満を抱えながらもいつか分かってくれると信じて我慢して悶々《もんもん》と待ち続け、ある日突然その蓄積された鬱憤《うつぷん》を爆発させるという事態です。急に爆弾を落とされた男性の方は、なんで怒られているのか全く理解できません。

心当たりありませんか？　これを女性の気持ちを汲《く》み取れない男性が悪い、としてしまうのは間違い。自分の不満を男性にきちんと伝えない女性の失敗なのです。相手にどうして欲しいのか、**「こんなこと、言わなくたって分かるでしょ」と思うようなことでも、口に出して優しく相手に伝えましょう。**それだけで男女間のトラブルはかなり少なくなるはずです。

世界中で日本の男性だけが女性の気持ちを察するのが下手というわけでは決してありませんよ。お互いに無駄なストレスを抱えないよう、女性も賢い伝え方をマスターしましょう！

10 家庭を守ることも大事。でも、あなたの夢は？

ある年、ミス・ユニバース・ジャパンのファイナリストたちを指導している時に「あなたの夢は何ですか？」と聞いたところ、ほとんどの答えが「家族が幸せでいられるよう頑張りたい」や「いいお母さんになりたい」といったような内容でした。質問の仕方がよくなかったのかもしれませんが、欧米では、誰かのためにではなく、「自分」を主体にして夢を語ることが一般的なので、この日本人女性独特の傾向に私はかなり衝撃を受けました。

家族を第一に考えて、家庭を守る。それはとても素晴らしいことだと思います。しかし、子供が巣立った後はどうするのでしょうか？　家族の一員としての自分の夢ではなく、自分だけのための夢も持っていて欲しいと思うのです。

その「夢」は、あなたの心の奥深くに、もしくはあなたの遠い記憶の片隅に、きっと潜んでいます。**女性だから、結婚しているから、主婦だから、子供がいるから、こんな年齢**

だから……と自分に言い聞かせて諦めてしまった夢はありませんか？　もしかしたら、「夢」だと認識することすらできずに、日々の忙しさの中に埋もれてしまったものもあるかもしれません。

料理学校を開く、趣味の絵画で個展を開く、サルサのダンス大会に出場したい、子供たちに英会話を教えたい、ケータリングサービスの会社を立ち上げる、アロマセラピストになる、語学留学したい、行ったことのない国をのんびり旅したい、もう一度本格的にピアノのレッスンを受けたい、東北で長期間腰を据えてボランティア活動に参加したい、手話を覚えたい……。

子供が巣立った後に、もしくは仕事を定年退職した時に、「私には他に何もない」なんて寂しい気持ちにならないよう、誰かのためではなく、自分のための夢を、今のうちから明確にして、実現に向けて着々と準備をしていきましょう！

11

私も遠回りばかりの人生でした。大丈夫。何歳からでもやり直せます。

私は今、心と身体の健康に関する仕事に就けた幸運に、心から感謝しています。しかし、大学を卒業してすぐにこの分野でキャリアをスタートさせたわけではなく、31歳で今の仕事に辿《たど》り着くまでは、あちこち遠回りをしてきました。

16歳の時、大分での1年間の交換留学を終え、オーストラリアに帰国した私は、元の高校の2年生に戻りました。その後自然と、より深く日本語を学びたいと思うようになり、大学では現代アジア文学を学び、日本語を専攻しました。卒業後はゴールドコーストにある日系企業に就職し、リエゾンオフィサー（東京本社とのコーディネイト役）として働きました。日本語を使って東京本社へ報告書を送ったり、日本からのゲストを接待したりという仕事は、傍目《はため》には華やかに見えたかもしれません。しかし、いつの頃からか、自分のしていることに違和感を覚えるようになりました。つまりその仕事は、私が心から情熱を注げるものではなかったのです。

そこで、今度はジャーナリズムを勉強してみようと思い立ち、働きながら通信教育で大学のジャーナリズムのコースを修了しましたが、そうこうしている間に1992年に東京本社に転勤が決まりました。生活環境も変わり、心機一転仕事に取り組みましたが、やはりそこでも心からの充実感は得られず1年後に辞めてしまいました。そこでまた、自分が本当にやりたいことは何だろうと悩んだ末に見つけた答えが、以前から興味を持っていた栄養学でした。そして、24歳の時についに通信教育で栄養学を学び始めました。

日本で出会って結婚したオーストリア人の夫と一緒に1994年にシドニーに戻り、再び学生としてネイチャーケアカレッジに通うことになった時、私は25歳でしたが、クラスメイトには私よりも年上の人もいました。最初の年はナチュロパシー（自然療法）を専攻し、栄養学、ホメオパシー（自然治癒力を引き出す同種療法）、ハーバルメディスン（植物療法）の3つの分野を学びました。その中でやはり栄養学に最も興味があることに気付き、次の年は栄養学を集中して学びました。さらにメディカルサイエンスと東洋医学について も学びたいと思い、ネイチャーケアカレッジに通いながら、シドニー工科大学の健康科学専攻にも入学しました。

その時私は27歳でしたが、やはりどの授業に出ても最年長ではなく、50歳の同級生がいたほどでした。もちろん高校を卒業したばかりの若い学生さんもいましたが、さまざまな年齢の人がいて、日本のようにほぼ同年齢の人だけが集う環境とは全く異なりました。

学位を取得するのはとても大変でしたが、もし自分が本当に好きで興味があることであれば、どんなに難しくても充実感があり、楽しめるものです。その後、栄養学の知識を生かしてクリニックに就職し、医師のもとで患者さんへの栄養指導の経験を重ねました。2000年に31歳でオーストラリアから日本に戻ってきてからは、栄養コンサルタントとして個人クライアントの栄養指導を行いながら、英語で本を執筆したり、メディアの取材を受けたりしていました。

2004年からはミス・ユニバース・ジャパンのファイナリストたちに栄養指導を行う機会にも恵まれ、食に関する正しい情報をより多くの方に伝える仕事に就くことができました。心から情熱を注げる仕事に出会い、30代後半でようやく本当の意味で私の人生が始まったと言っても過言ではありません。

皆さんはこのような私のパーソナルヒストリーを聞いて、あちこち寄り道してきたのね、と思うでしょうか？　いえいえ、私なんてまだまだ序の口ですよ。アメリカ人は18〜46歳の間に10〜15回も仕事を替えるという統計があるほどです。何が本当にやりたいのか分からないという人は、とにかく興味があることをやってみて、もし何か違うなと感じたら、また別のことに挑戦すればいいのです。

今あなたが何歳であっても、どのような環境にあっても、興味があることを始めたり、誰もやらないような道を選択したりするのに遅すぎるということはありません。例えば、第40代アメリカ合衆国大統領のロナルド・レーガンはもともと俳優でしたが、55歳にして政界にデビューし、69歳で大統領に選出された遅咲きの政治家です。「スター・ウォーズ」や「インディ・ジョーンズ」で知られる俳優ハリソン・フォードも35歳まで大工さんをしていました。料理研究家として名を馳せ、「アメリカの料理の母」といわれたジュリア・チャイルドは、アメリカ政府のスパイという経歴を捨て、36歳で料理学校に入学し、50歳でようやくテレビデビューを果たしました。最近では、48歳でイギリスのオーディション番組に出演したことをきっかけに世界中でセンセーションを巻き起こした奇跡の歌姫、スーザン・ボイルが記憶に新しいところでしょうか。

人生を振り返った時、本当はやりたくて仕方なかったことをせず、深く後悔している自分を想像してみてください。**誰かが「いい歳して……」とか「今さら遅すぎる」なんて言っても、絶対に聞く耳を持ってはいけません。もちろん、自分で「もういい歳だから……」なんて言うのはもってのほかですよ！**

12

〝世間様〟の奴隷になんかならないで。

「世間様に笑われる」「世間様が許さない」「世間様に顔向けできない」……。日本の〝世間様〟という考え方はとてもユニークですね。英語にも似た意味で“Social Pressure”という言葉はありますが、日本の〝世間様〟ほどの強いニュアンスはないように思います。この〝世間様〟が社会全体の常識として存在することによって、周りの人に迷惑をかけてはいけないという日本人の〝和〟（ハーモニー）の意識が作り上げられているように思いますし、それは日本が世界に誇るべき素晴らしい文化なのでしょう。

ただ問題は、その〝世間様〟がマイナスに働く時です。**何か大きな決断を下そうとした時に、親や周りの人たちに〝世間様〟を持ち出して反対されたことはありませんか？** そんな言い方をされると、自分がものすごく悪いことをしようとしている気分になってしまうかもしれませんが、それが**具体的に誰かに迷惑をかけていない限り、あなたが〝世間**

様〟に縛られる必要は全くないのです。

最終的にうまくいっても、いかなくても、その責任は親でも親戚でも〝世間様〟でもなく、あなたにあります。また、やりたいことに挑戦しないで後悔しても、〝世間様〟がその気持ちをなんとかしてくれるわけではありません。やって後悔することより、やらないで後悔することの方が、何倍も後味が悪いのです。

逆に「そんなことしたら世間的にちょっと……」と自分で自分の首を絞めてしまっていることもあるのでは？　普段の生活の中では〝世間様〟の声ばかり大きく聞こえてきて、自分の心の声に耳を澄ますことを忘れてしまいがちです。しかし、洋服を選ぶ時も、学校や会社を選ぶ時も、結婚相手を選ぶ時も、それは**〝世間様〟という得体の知れない誰かのためにではなく、あなたのためにあなた自身が選んだ方が、結果がどうあれ最終的にはベストな選択なのです。**あなたが幸せになるために、〝世間様〟ではなく、自分自身を納得させられる選択をしてください！

13

〝献身的〟は自己満足に過ぎないわ。

　あなたが自分の子供と一緒に飛行機に乗っている場面を想像してみてください。楽しい旅行が一転し、なんと機体にトラブルが発生したというアナウンスが流れました。ついには酸素マスクまで下りてきてしまいます。さて、この状況で子供を守るために、あなたが最初にすべきことは何ですか？

　子供にマスクをつける、という答えは間違いです。事実、緊急時の対応として、まず自分が先にマスクをつけるように航空会社は説明しています。それはなぜでしょう？　急激な減圧の中で親が先に気を失ってしまうと、子供は生き延びることができません。まず、親が安全を確保してからでないと、子供を救うことができないのです。

　これと同じことが普段の生活でも言えます。**誰かのために自分を犠牲にして頑張っていると、一見、相手のためになっているようですが、実は、自分のためにならないことはも**

ちろん、相手にもマイナスになっていることが多いのです。

例えば、両親がすすめた学校や会社に入ってはみたものの、自分のやりたかったこととは違うと思いながら悶々として過ごしている人はいませんか？　両親に申し訳ないから、両親のためにと思って、我慢して辛《つら》い毎日を送っているあなたを見て、両親は本当に幸せでしょうか？

また例えば、子供のために自分の夢を諦めて専業主婦になったお母さんがいるとします。「あの時続けていれば……」とため息をつきながら子育てをしていると、その負のオーラは、言葉にしなくても必ず子供にも伝わってしまいます。その子は本当に幸せでしょうか？

〝献身的〟(Extremely dedicated)。海外のメディアから日本人女性についてインタビューを受ける時、私がよく使う言葉です。とても美しい言葉であり、美しい姿だと思います。しかし、献身的になりすぎて、自分自身を擦《す》り減らしている日本人女性も多いことがとても気がかりです。

あなたは他の人のために自分を犠牲にし、最後の一滴まで絞りとられたスポンジのようになってしまっていませんか？　**献身的であることは美しいことですが、まず自分を大切にして、しっかり良いエネルギーをチャージしてからでないと、他の人を幸せにすることはできません。**逆に自分自身に幸せを感じている人は、ドーパミン、セロトニン、エンドルフィンなどのハッピーホルモンが分泌され、その幸福感はさざ波のように周りの人にも広がっていくのです。

自分の欲求を最優先させることは、わがままであるということとは全く違います。周りの人のためにも、自信を持って堂々と充電しましょう！

14 日本のママはもっと遊びなさい！

小さなお子さんを持つママさんたちの栄養コンサルティングをしていた時のことです。子供の世話で体力的にも精神的にも疲れ果て、自分の健康やオシャレに気を遣う時間も気力もないというボロボロの状態の方が多くいらっしゃいました。子供を誰かに見てもらって、自分を労《ねぎら》ってあげる時間、ストレスを発散させる時間を作るようにアドバイスするのですが、そんな時に決まって言われるのが、「子供を預けてそんなことしたら、周りになんて言われるか……」ということ。「〝周り〟って誰のことですか？」と聞くと、旦那さんとか義理のお母さんとかご近所様とか……。さらには**「主人が稼いだお金を自分が遊びに行くために使うなんて気が引けるんです……」と言う方もいて、私の頭の中は「？？？？？」**に……。またひとつ、大きなカルチャーギャップを感じた瞬間でした。なぜなら欧米ではこういう感覚は全くないからです。

ママが子供の世話をしているお陰でご主人は思いっきり仕事をすることができているのですから、一体何を気兼ねする必要があるのでしょう？　子供の世話は24時間。ご主人の仕事よりも大変かもしれません。小さなお子さんがいらっしゃらないとしても、家族のお世話をしている女性のご苦労だって大変なものです。それなのにストレスを抱えたまま育児や家事をし続けて、もしあなたが身体や精神のバランスを崩してしまったら、家族全員が今のような生活を続けることができなくなってしまうのです。

海外では子供を自分の母や親戚に預けて、夜、食事に出かけたり、遊びに行ったりするのは日常茶飯事。お金を払ってベビーシッターを雇ってまで自分の楽しみのために外出しても「あの母親は……」と言われることはありません！

男性でも女性でも、まず、自分が幸せに満たされた状態でなければ、他の誰かを幸せにしてあげることなどできないのです。その中でも特に、ママが家庭内に与える影響は良くも悪くも大きいのです。英語で“If mum isn't happy, nobody is happy.”（ママが幸せなら、みんな幸せ。ママがハッピーでなければ、みんなハッピーでなくなってしまう）ということわざがあります。

もしママが、「子供のために自分を犠牲にしている」と感じながら子供と接していたら、その気持ちは確実に子供に伝わってしまい、その子も幸せにはなれません。かわいい我が子のために、愛する家族のために、日本のママは、もっと胸を張ってリフレッシュしに出かけましょう！

15 辛いことを我慢してもいいことはないの。

日本のママたちから聞いて驚いたことのひとつは、日本では出産の時に痛い思いをして子供を産んでこそ一人前の母親だという考え方があるということ。文化の違いがあるので、もちろん一概にどちらがいいとは言えません。しかし、欧米ではもはや無痛分娩の方が主流で、どれだけ母親の痛みとダメージを軽減できるかということに尽力しているのに、日本では母親が無痛分娩を望んでいても、痛みを和らげて我が子を産むことになんとなく引け目を感じざるを得ない状況であるとしたら、とても残念です。母親が痛みで苦しんでいるとそのストレスが赤ちゃんにも伝わってしまい、いいことは何もないので、特に難産の時には麻酔を使う方がいいと私は思います。

ダイエットにしても、日本人女性は「辛いこと」「我慢しなければいけないこと」というイメージを持っている人が多いですが、そういうダイエットは絶対に長続きしません。

続けるとリバウンドするか心のバランスを崩してしまうからです。けれども、**辛いことを我慢すれば、必ずいい結果を出せるはず！　と思い込んで、無理なダイエットに走ってしまう人がいます。**「痛みなくして得るものなし」を「辛いことを我慢すれば必ず成功する！」というふうに解釈して、延々と危険なダイエットを続けると、ついには摂食障害になってしまう人も出てきます。生真面目《きまじめ》な女性が多いからでしょうか、日本人女性の摂食障害による死亡率は世界第2位です（ちなみに1位はアメリカです）。

ダイエットに関して言えば、私のフィロソフィーは「美味《おい》しくなければ続かない」です。辛い思いをせずに、賢く選んでしっかり美味しく食べて、身体も心もハッピーな健康美人を目指しましょう！

第2章

自信を持つことが、なぜ大事かお分かりですか？

16

人と違うから、あなたには存在価値がある。

"In order to be irreplaceable, one must always be different."（かけがえのない存在になるためには、常に人と違っていなければいけない）

これは、強烈な個性で世界中に圧倒的なインパクトを与え、今も人々の心の中に残り続けるフランスの女性ファッションデザイナー、ココ・シャネルの言葉です。普段の生活の中で、ほとんどの人が自分と誰かを比べたり、羨ましがったり、なんで自分ばかりみんなと違っているんだろうと悩んだりしています。しかし、実はその違いの中にこそ、あなたの価値があるのです。ココ・シャネルは、世界中で唯一無二の存在になるために、人と違っていることに価値を見出すことが大事だと語っています。

日本には「出る杭は打たれる」ということわざがありますが、特に日本の方は周りの人との和を大切にして、なるべくみんなと同じようにしていたいと思う傾向が強いですよね。

しかし、人と違っていることを怖がらなくていいのです。もしあなたが今、人と違っていることにコンプレックスを持っているとしても、実は、それこそがあなたの長所、強み、チャームポイントになり得る価値なのです。むしろそれがあったことに感謝しなければいけないくらいです。

人は誰にでも、その人にしかない魅力が必ずあります（今、「私にはない！」と思いましたか？　そんなことは絶対にありません！　私が１００％保証します!!）。**問題は、その魅力に気付かず、磨きもしないで放置していることなのです。**自分には魅力なんてないと思っている人は、この地球上で一体どこを掘ればダイヤが出てくるか分からないと途方に暮れている状態です。しかし、**自分自身をより深く知ることで、自分の中のダイヤの原石を探し当て、「個性」という唯一無二の最高級ジュエリーに磨き上げることができます。**

自分の手で仕上げた世界でたったひとつのダイヤを身に着ければ、あなたはどこに出ても、誰と会っても、何が起きても、もう大丈夫。**「自信」という最上のドレスと、本物のダイヤでも絶対にかなわない「個性」というジュエリーは、女性を美しく輝かせる最強のコンビネーションなのです。**

自分の正直な心の声に耳を澄ませてみましょう。今のあなたは本当のあなたですか？世間体や家族、友達、会社の同僚のプレッシャーから、自分自身に嘘をついたりしていませんか？　もし、その素晴らしい個性を隠しているとしたら、これほどもったいないことはありません！　なんと言ってもその個性を持っているのは、今この地球で生きている70億人の中で、たった一人、他の誰でもなく、あなただけなのですから！

17

居心地のいい場所があることは素敵。でも成長はその外にあるの。

人は「変化」を嫌う生き物です。マンネリだとか刺激が足りないとか、なんだかんだ言っても慣れ親しんだ環境は心地よく、新たな失敗をしたりすることもないので、わざわざ何か新しいことを始めたいとは思わない、という人も多いでしょう。この特に頑張らなくても心地よくいられる範囲を〝コンフォートゾーン〟と言います。その範囲内で行動していれば、失敗したり緊張したり恥ずかしい思いをしたりすることはありません。その範囲の中でぬくぬくしていたいと思うのは当然のことです。しかし、自分を守ってくれる繭《まゆ》のような心地よい空間に閉じこもっていては、いつまで経《た》っても成長はできません。

とはいえ、いきなり留学とか転職とか、何か新たな挑戦を！　と気負う必要はありません。日々の生活の中でも始められることはたくさんあります。例えば、いつもとは違うお店に入ってみるとか、いつもとは違う道を通ってみるとか、あまりしゃべったことのないクラスメイトや同僚に話しかけてみるとか、新しいレシピに挑戦してみるとか、新しい習いごとを始めてみるとか、いつもなら断っていたお誘いにのってみるとか、行ったことのない地域を旅行してみるとか……。そんなベイビーステップでも、脳に良い刺激を与えます。そうすると、**最初はちょっと緊張していたようなことでも、いつの間にか当たり前になってきます。つまり、コンフォートゾーンは自分次第でいくらでも大きくできるのです。**

常に新しい何かを、という気持ちで日々を過ごすこと。その小さな積み重ねが、いつまでも輝き続けるためのコツなのです。

18
ストレスは悪いことばかりじゃない。

ストレスケア、ストレス性胃炎、ストレス度チェック、ストレスコントロール法……。〝ストレス〟と聞くと、諸悪の根源のようなネガティブな印象を持つ人も多いと思います。しかし、人が成長し、より自信をつけるために、実はストレスが必要不可欠だということはご存じですか？

問題はストレスの質。食べる油にも良い油と悪い油があるように、ストレスにも良いストレスと悪いストレスがあるのです。一般的に私たちがイメージするストレスは、悪いストレスのことです。一方、**良いストレスとは、学校や職場、住む場所などの環境が変わった時の緊張感、目標に向かって頑張っている時の高揚感のことで、恋愛中のドキドキも、実はストレスの一種なのです。**

もちろん慢性的なストレスは、肥満や心臓病、うつ病などさまざまな病気の原因にもなりますが、カリフォルニア大学バークレー校で行われたある研究では、適度なストレスは新しい脳内神経細胞を成長させるという結果が出たそうです。英語では“Optimal Anxiety Stress”（オプティマル・アングザイエティ・ストレス＝最適な不安ストレス）という表現を使うことからも分かる通り、不安を感じる状況も悪いことばかりではなく、より成長し、より自信をつけるための良いチャンスなのです。

思い切って環境を変えて新しいことに挑戦したいと思っていても、うまくいくかどうか不安で不安で最初の一歩が踏み出せないというあなた。どうかご心配なさらずに！　その不安な気持ちがあなたを成長させる起爆剤になるのです。

不安に押し潰されそうな時は、「このストレスは、ポジティブストレスだから大丈夫！」「このストレスのお陰で脳が活性化してきた！」と自分に言い聞かせて迷わず前進しましょう。人間は慣れる生き物です。誰でも必ずその能力を持っています。やがて、ストレスと感じていたことがストレスと感じなくなる頃には、ひと回りもふた回りも成長した自分を実感できることでしょう。

19

勇気も筋肉と同じ。トレーニングで鍛えられるのです。

トラウマになるような失敗をしたことがありますか？　私はあります。もともと極度に恥ずかしがり屋な性格で、人前に立つことが大の苦手だったのですが、オーストラリアのシドニーで栄養についてスピーチをしなければいけないことになりました。ただでさえ心臓が口から飛び出しそうなくらい緊張していたのですが、追い打ちをかけるように本番中に突然マイクの調子が悪くなるというハプニングが発生！　自分の声が観客に聞こえているのか、そのことばかりが気になって、どんどんしどろもどろに……。挙げ句の果てには頭の中が真っ白になってしまい、自分がどこで何をしているのかすら分からないままスピーチが終わってしまいました。

大勢の人の前でこんな大失態を演じてしまい、もう二度とスピーチなんてしたくないと思ったのですが、その2日後にパースで同じ内容のスピーチが予定されていました。本当に逃げ出したい気持ちになり、そのスケジュールを心から恨みましたが、キャンセルできるはずもなく、仕方なくスピーチに臨みました。さらに2日後にはアデレードで、そのまた2日後にはメルボルンで同じスピーチが予定されていました。その間少しずつ、自分のスピーチに自信が持てるようになっていきました。あの時、次のスピーチが決定していなかったら、二度と人前で話すようなことは引き受けなくなってしまっていたかもしれません。たまたま、次の予定が決まってしまっていたので、嫌々ながらも再度チャレンジすることができたのです。

　私は今、そのことに心から感謝しています。時には自らに強《し》いてでも、恐怖と向き合わなければいけない時があるでしょう。しかし、怖がる必要はないのです。**人間は、最初は絶対ムリ！　と思ったことでも、何度も挑戦すれば自然とその状況に慣れ、順応できるのです。**自信をつけたいなら、身体の筋力だけでなく、〝勇気の筋力〟も意識して、タフな気持ちで常に挑戦し続けてください。

20 病は気から。老化も気持ちから。

日本には「病は気から」ということわざがありますが、「老化も気から」ということが最近の研究で明らかになってきました。つまり、自分は若いと思っていると、単なる精神論ではなく、本当に肉体も若くなるというのです。

ハーバード大学の心理学者たちは、気持ちが肉体に影響を及ぼすという概念を「可能性の心理学」（The Psychology of the possible）と呼び、また別の研究者たちは「希望の生物学」（The Biology of Hope）などと名付けて研究を続けています。

ハーバード大学の研究では、年配の男性を対象に１９５０年代の思い出の品々（当時の雑誌、新聞、テレビ、ラジオ、音楽など）に囲まれた場所で1週間を過ごしてもらうという実験が行われました。被験者の半数は１９５９年当時を振り返り、懐かしく思いながら日々を過ごすように指示され、残りの半数は現在が１９５９年であるかのように、若返ったつもりで現在形の言葉を使いながら過ごすように指示されました。それだけが両グループの唯一の違いでした。

実験の前後に行われた体力測定と知能テストの結果の変化は驚くべきものでした！ **若返ったと思って生活をしたグループの人たちは、見た目が3歳ほど若く、聴力、視力、記憶力、体力が向上し、姿勢も良くなり、関節の柔軟性も改善したのです。さらに、多くの人の知能指数も向上していました。**

逆に、自分が歳をとっていると思うことで、見た目も老け、身体も老化してしまうという研究結果もあります。エール大学の研究論文で、血圧やコレステロール値、喫煙などの要因よりも、歳をとることに対する気持ちの持ちようの方が、寿命に大きな影響を与えることが発表されました。年齢、性別、社会的・経済的な状況、精神状態や健康状態に関係なく、歳をとることに対してポジティブな意識を持っている人の方が、ネガティブな見方をしている人よりも、寿命がなんと7・5年も長かったそうです！

まさに「老化は気から」ということなのです。**「自分は若い」と思い込むことで、肉体にもここまで違いが表れるのならば、これを上手に活用しない手はありません！** 50歳で

「ヨガの先生になりたい！」と宣言してもいいですし、60歳で「イタリア語を勉強する！」と言ってもいいのです。その思い込みが、どんな高級エステや健康食品もかなわない効果を発揮するかもしれませんよ。

21

ネガティブ思考は人類の防衛本能。あなたのせいではありません。

どんな時でも前向きに考えることができたらどんなに人生が楽になることか……だけど長年かけて作り上げられた自分の思考回路を変えるなんて、絶対ムリ……。そんなふうに思っている方も多いでしょう。しかし、考え方を変えることは不可能ではありません。これは単なる精神論ではなく、科学的に証明されているのです。良質な食べ物を摂り続ければ必ず身体に良い変化が出るように、繰り返し前向きな思考を持ち続ければ脳もしっかり反応してくれるのです。難しく考えなくても大丈夫。ピアノのレッスンや九九の計算、テニスの練習、キーボードのブラインドタッチと全く同じように、少しずつでも繰り返しトレーニングを重ねていけば、誰もが必ず考え方を変えられます！

そもそもなぜ人はネガティブな思考をしてしまうのでしょう？　この癖は、原始時代、私たちの祖先が洞穴に住んでいた頃に遺伝子に組み込まれたプログラムだといわれていま

す。毎日が死と隣り合わせだった時代に、人の祖先は九死に一生を得た体験を忘れないようにすることで、常に注意深く、敵から身を守る術《すべ》を身に付けたのです。このプログラムは今も私たちの脳に残っていて、楽しかったことよりも辛かったこと、悲しかったことを優先的に記憶していくようにシステムが組まれています。

ですから幸せな思い出は上質なシルクの上を滑り落ちるかのようにほとんど記憶に残らないのに、ネガティブなことはマジックテープのようにがっちりと記憶に貼り付いて、いつまでも離れようとしません。ですから、嫌なことがなかなか忘れられないのは自然なこと。決してあなたのせいではないのです。

では、このように遺伝子に組み込まれたプログラムを変えることはできるのでしょうか。山里の小川の流れを想像してください。雨が降れば水は自然とその小川のすじに沿って流れていきます。もし、小川に小さなダムを作り、今までと別のすじに水を流してあげることができれば、その後、水は自然と新しい小川に流れていきます。水は思考で、小川は思考回路です。**一度、この新しい小川を作ることができれば、意識しなくとも、自然と前向きな思考ができるようになります。**

しかし、思考回路ができあがっても油断してはいけません。ボディラインが食生活上の注意やトレーニングを怠るとすぐに崩れてしまうように、脳の神経回路も常にメンテナンスしておかないと、元に戻ってしまいます。どんなにピアノが上手な人でも長い間弾かないでいると指が動かなくなったり、英語も使わないでいると単語が出てこなくなってしまったりするように、このポジティブな思考回路は、そのようなスキル（技術）と一緒で、放っておくと鈍ってしまうものなのです。

まずは私たちの脳の仕組みを理解することから始めましょう。そして、正しい方法で思考のトレーニングを重ねれば、誰でも必ずポジティブな思考回路を手に入れることができますよ。

22

でも、ネガティブ思考は癖になる。だから、自ら断ち切る努力を。

私たちは無意識のものも含め一日に約6万もの思考を行っているといわれています。かつて、思考は常に消えてなくなり、それ以上何も影響を及ぼさないものだと考えられていました。しかし最近の研究で、思考は神経伝達物質を作り出し、心と身体に影響を与えることが分かってきました。あなたがポジティブなことを考えている時は、エンドルフィンやセロトニン、ドーパミンといった良い神経伝達物質が作られ、逆にコルチゾールのようなストレスホルモンが減るといわれています。このような良い神経伝達物質は、気分だけでなく、なんと肌の状態にも良い影響を与えるとされています。

しかし、問題は**一日約6万の思考のうち80%が、ネガティブな内容**だということ。単純計算で一日に約4万8000も後ろ向きなことを考えていることになります。そして、それらが悪い神経伝達物質を作り出してしまっているのです。しかも、**毎日の思考のうち95**

%は、昨日と同じことなんだそう。つまり、**一度ネガティブなことを考えてしまうと、明日も明後日《あさって》もまたその次の日も、無意識のうちにずっとネガティブな思考を繰り返してしまうのです。まるでiPodで毎日毎日、聞きたくもない暗い曲だけを延々とリピート再生しているようなものです。**

この負のスパイラルを変えることは簡単ではありませんが、毎日エクササイズを繰り返すことで、誰でも必ず断ち切ることができます。まず、「あ、またネガティブなヘビーローテーションが始まっちゃったなぁ」と気付くことができるようになるだけでも大きな一歩です。次の章では、ポジティブなヘビーローテーションにチェンジするためのエクササイズを始めましょう！

第3章

自信を持つための
エクササイズを
始めましょう

23

目覚めた瞬間の思考が一日を決める。

朝、目覚めたら、まず何を考えますか？　「ああ、もう朝だ……嫌だなぁ……」と思いながら、目覚まし時計のスヌーズボタンを押して、あとどれくらいベッドの中にいられるか考えたりしていませんか？　一目散に携帯やパソコンメールをチェックしたり、ＴＯＤＯリストを確認している人もいるかもしれません。残念ながら、多くの人が何かに追われるように、不安や焦りと共に一日をスタートしてしまっています。

目覚めの瞬間に考えることは神経伝達物質に影響を与え、それが一日全体にも影響を及ぼすという研究結果があります。意識していないとしても、**あなたが寝起きに「もう朝が来てしまった……」と思うか、「あ〜よく寝た！」と思うかだけでも、その日の気分が変わってしまう**のです。ですから決して真っ先にネガティブなことを考えてはいけません！

この〝朝イチ思考〟エクササイズはとても簡単に実行できますが、ポジティブ思考を習慣化させるのに絶大な効果を発揮します。朝、目が覚めたら、ベッドに横になったままで、ポジティブな言葉や感謝の気持ち、達成したい目標を心の中でつぶやいてみましょう。おすすめは、シンプルに「今日も素敵な一日になりそう！」と思うこと。実際は、その日に試験があったり面倒な仕事があって気が重いとしても、とにかくそう思ってみましょう。

さらに応用編として、自分だけのオリジナルフレーズを用意しておくのもいいでしょう。

例えば……

・今日も元気な身体で目覚めることができてよかった
・（家族や大切な人を思い浮かべて）元気でいてくれてありがとう
・笑顔を絶やさず頑張るぞ！
・今日こそ運命の人に出会えそうな気がする！

前向きな言葉が急には思いつかないという人は、一番しっくりくるポジティブなフレーズを紙に書いて、ベッドのそばに貼っておくのもいいでしょう。また、携帯アラームや目覚まし時計ではなく、好きな音楽、気分の上がる曲、楽しかった記憶を思い出させてくれる曲をタイマーでセットして、なるべくいい気分で目覚められるよう工夫してみるのも効果的です。

研究によると、**常に前向きなことを考えていると、ネガティブな神経回路が徐々に縮小され、逆にポジティブな神経回路が拡大する**そうです。この回路ができれば大成功！ あなたは意識しなくともポジティブに思考できるようになり、よりハッピーな輝きが内側から溢れ出ることでしょう。

24

幸せを3つ数えて眠りにつく。

朝、目覚めた瞬間の思考がその日一日を左右するのと同じように、眠りに落ちる直前の思考が、次の日の朝、前向きな気持ちで目覚めることができるかどうかを大きく左右します。受験勉強などで暗記に適した時間は寝る前だという話を聞いたことがありますか？これは人間の記憶が眠っている間に整理されて、定着するからだといわれています。この脳の仕組みを利用して、**毎日寝る前に意識的にポジティブなことを考えると、その感情が脳の中でしっかりと定着し、思考回路も少しずつ前向きになっていきます。**逆に、「あぁ、疲れた……」とか「また明日も忙しくなりそうで嫌だなぁ……」というようなネガティブな気持ちで寝てしまうと、その感情が脳内に広がって、知らず知らずのうちに気持ちが落ち込んでいってしまいます。

このエクササイズは簡単なわりにとても効果的です。寝る前に一日を振り返り、楽しかったこと、嬉しかったことを思い出して、そのことに感謝するだけでいいのです。できれば少なくとも3つは探してみましょう。いいことなんて何もなかった……と思っていても、例えばこんなことはありませんでしたか？

・朝からいい天気で気分がよかった
・髪型がいい感じにキマった
・最近気になるあの人と目が合った
・頑張って仕上げたレポートを上司に褒められた
・美味しい和食のお店を発見した
・ほとんど話したことがなかった○○さんと話したら、好きなアイドルが一緒だった
・何はなくとも健康で過ごすことができた
・ペットがヘンなポーズで寝ていてかわいかった
・駅までの道で見かけたバラが満開でキレイだった
・電車の中で超イケメンに遭遇した

・子供の時から大好物のメニューをお母さんが作ってくれた
・小説を読み終えてものすごく感動した

こうやって見てみると、感謝することはまだまだたくさんありそうですよね。**日常に溶け込んで見過ごしてしまいがちなことを、寝る直前の脳のプライムタイムにひとつひとつ思い出して、しっかり焼き付けましょう。**その日やってしまったミスを思い出したり、「○○さんからメールの返信が来ないけど、私、嫌われてるのかなぁ」なんてことを絶対に考えてはいけませんよ！　そして、**幸せを3つ数えて眠りについた翌日にどのような気分で目覚めたかを意識しながら、習慣になるまで21日間は頑張って続けましょう。**きっと、少しずつ前向きになっている自分に気付くはずです。

25

ネガティブな気持ちになったらまずは眠りなさい。

世界で最も寝ていないのは日本人だという統計があります。私の周りにも5〜6時間しか寝ていないという人がたくさんいます。フランス人や中国人と比べると、なんと約1時間も短いという調査結果もあるほどです。通勤電車の中で疲れ切ってたくさんの人が寝ている風景は、日本人にとっては当たり前かもしれませんが、外国人観光客が見るとかなりショッキングです。ウトウトを通り越して座席からずり落ちそうになったり、つり革につかまってフラフラしたりしながら寝ている様子は、まるでワーキングゾンビのよう。男性だけでなく、最近は女性でもそういう人を見かけます。美しい肌のために質の高い睡眠が欠かせないということは皆さんもよくご存じだと思いますが、美意識が高く、美しくなるための努力を惜しまない日本人女性が、睡眠を軽視しているのは不思議でなりません。

しかも、睡眠は肉体的にだけではなく、精神状態にも非常に強い影響を及ぼします。日本人女性は常に睡眠を借金している状態（Sleep Debt）です。睡眠不足の状態が続くのは、自分の稼いだお給料以上にお金を使っているようなもの。そのままいけば、あなたの身体と心は破綻《はたん》してしまいます。日本人女性の自己評価が非常に低いのも、睡眠不足と関係があるのではないでしょうか。

穏やかな気持ちでハッピーな毎日を過ごしたいと思うなら、睡眠の優先順位を高くしなければいけません。なぜならば、睡眠が不足すると怒りっぽくなったり、やたら過剰反応してしまったり、ネガティブに捉《とら》えてしまったり、相手の気持ちに共感できなくなってしまうからです。そんな状態では、たとえ世界中のポジティブ思考トレーニングをすべて完璧に実践したとしても、効果が出づらく、効率的ではありません。また、睡眠が足りていないとでんぷん質や脂肪が多いものを食べたくなり、それらを食べると感情を司るアミグダラという脳の器官が刺激され、感情が制御不能になってしまいます。睡眠不足でただでさえイライラしているところにジャンクフードによるダブルパンチになってしまうというわけです。

逆に、睡眠が精神状態を安定させる作用も非常に強力で、年収が６万ドル（１ドル１０

0円として600万円）増えた時の幸福感よりも、毎日1時間多く眠った時に得られる幸福感の方が大きいという研究結果があるほどです。

普段の生活を振り返ってみてください。7時間以上眠っていますか？　目覚まし時計がないと起きられないですか？　会議や授業中、テレビを見ている時にウトウトしてしまうことはないですか？　通勤電車の中で座ると必ず寝ていませんか？　ひとつでも当てはまることがあれば、あなたは充分な睡眠がとれていません。

日本では、「たくさん寝る」＝「怠けている」という印象を持たれたり、睡眠時間が短いことを忙しさの象徴として自慢したりするような風潮があるように思いますが、欧米ではその逆です。睡眠時間を削ってだらだら働いても、充分な睡眠がとれていないと集中できず、結局は効率が悪いということが分かっているので、きちんとタイムマネジメントをして睡眠時間を確保できない人は、評価が下がってしまうのです。

普段6時間も寝ていないという人は、まずはいつもより1時間早く眠りにつくようにしましょう。そして今日から1週間実践してみてください。1週間後、身体だけでなく、精神状態の変化にも驚くと思います！

26

お気に入りの3つのパーツを繰り返し思い出してみて。

鏡を見るたびに「なんでこんなに目が小さいんだろう……」「もっと脚が細かったら……」「私の顔、絶対大きすぎ!!」など、毎日毎日繰り返し嫌いな部分だけに意識を集中して、ため息をついたりしていませんか？　無意識のうちにしてしまうその癖は、実は自分で自信を奪い取り、自己評価を下げるとても危険な行為なのです。

どの部分に意識を集中させるかで自信が持てるようになったり、逆に自己評価が下がったりするという興味深い研究があります。まず、被験者の女性たちは下着姿の自分の写真を眺め、身体の10カ所のパーツを一番好きな部分から順番にランキングします。その後、パソコンの画面で自分の身体の写真を35分間眺めるのですが、ひとつのグループでは自分が選んだ好きな部分第1位から第3位の3カ所が目立つように映し出されています。

もうひとつのグループでは、第8位から第10位、つまり自分が気に入らないワースト3

の箇所が目立つように映し出されています。すると、好きな部分に意識を集中させた人は自己評価が高くなり、嫌いな部分に意識を集中させた人は自己評価が下がったという結果が出ました。つまり、**自分の好きな部分にだけ意識を集中させれば、より自信を持つことができるのです。**

でも、いきなり自分の長所にだけ意識を集中させましょうと言われても、なかなか難しいですよね。そこで、皆さんにも簡単に実行できるエクササイズを試してみていただきたいと思います。

次の**顔や身体の部位から、自分が好きだと思えるパーツを3つ選んでください。**自分はそうは思っていなくても、他の人から羨ましがられたり褒められたりする部分でもいいでしょう。日本の方は謙虚なので、「どれも自信がありません……」という人もいるかもしれませんが、自信がない中でもその程度はそれぞれ少しずつ違いますよね? 「この部分ならちょっとはましかな～」と思うものでもいいので、必ず3つ選んでください。

・髪　Hair

・眉毛　Eyebrows
・まつ毛　Eyelashes
・目　Eyes
・鼻　Nose
・口　Mouth / Lips
・歯　Teeth
・肌　Skin
・首　Neck
・鎖骨　Collarbone
・肩　Shoulders
・腕　Arms
・手　Hands
・爪　Nails
・胸　Breasts

・ウエスト　Waist
・おしり　Bottom
・脚　Legs
・足　Feet
・足首　Ankle
・その他　Other

そして、**その3つを自分の潜在意識に繰り返し訴えかけるのです。鏡を見るたびに自分に向かって「髪、手、脚。　髪、手、脚。　髪、手、脚」というふうに3回語りかけましょう。**なるべく強く潜在意識に覚え込ませるためには、その3つのワードを書いて、寝室の枕元や洗面台の目につく場所に貼っておくのが効果的です。一人暮らしではないので、さすがにそれはちょっと……という人は、手帳の隅にメモする、文字を写真に撮って携帯の待ち受けにするのもいいでしょう。もし、日本語で「髪、手、脚」と書くのが恥ずかしいようであれば、英語で全部続けて「HAIRHANDSLEGS」と書いておけば、一見何のことだか分からないので、他の人に気付かれることもないでしょう。とにかく、自分の潜在意識に向けてひたすら強く、繰り返しメッセージを送ることがポイントです。

これを繰り返すことで、自分の嫌いな部分ばかりを見つめてしまうネガティブ思考をストップでき、少しずつですが無意識のうちに自分に対する自信がついてきます。

また、自分が選んだお気に入りのパーツをなるべく強調するように、メイクやヘアスタイル、ファッションを工夫しましょう。例えば、髪に自信がある人は少し目立つヘアアクセサリーをつけて髪の毛に目がいくようにするとか、脚に自信がある人はなるべく短めのスカートをチョイスしてその脚線美が見えるようにしてみましょう。

こうして**常に潜在意識に訴えかけることで、外見だけでなく、すべてのことに関して、自然と前向きな考え方ができるようになり、ポジティブなオーラを発するようになるのです。**これは決して精神論ではなく、語学やスポーツと同じく練習すれば誰でも上達できる、脳の〝エクササイズ〟なのです。ホントかな？　と思ったアナタ、ぜひ試してみてください！

27

自分は自分の最愛の恋人。丁寧に優しく扱ってあげて。

あなたが日頃一番大切にしている人間関係は何ですか？　配偶者や恋人、子供、両親、きょうだい、友人、職場の上司や同僚、クラスメイト、ご近所様……。どの人間関係でも悩まされることは多いかもしれません。でも、実は一番大切なのは、自分自身との関係。ほとんどの人は自分との関係があまりうまくいっていません。**自分が自分に対して、世界一の辛口評論家になり、無意識のうちに自己批判を繰り返しています。**

さまざまな植物が生える庭を想像してください。そこには綺麗な花もあれば、雑草も生えています。あなたは、その美しい花々には一切目を向けず、水も与えず枯らしてしまいます。それどころか、生き生きと咲き誇っている満開の花を見つけては引き抜いたりもしてしまいます。逆に雑草には毎日細心の注意を払い、たくさん水を与え、さらには肥料まで与えています。そして、雑草だらけになった庭を眺めてこう嘆きます。

「どうして私の庭は、綺麗な花がひとつも咲かず、雑草だらけなんだろう？」

こんなやり方では決して美しい庭にならないことは、客観的に見れば誰でも分かりますが、実はこれと同じことを、私たちは自分の心の中でやってしまっているのです。庭はあなた自身。花はあなたの長所やチャームポイント。そして雑草はあなた自身が嫌っている部分です。つまり、他の人から見たらとても魅力的な部分には目を向けず、欠点ばかりに注力して、自分の中で無駄に育ててしまっているのです。

もし、あなたの最愛の恋人が自信を失くして落ち込んでいたらどうしますか？　その人のいいところを見つけて、いかに魅力的か、どれほど才能があるか、一生懸命伝えようとしますよね。**あなたに今必要なことは、辛口評論家として自分を批判することではなく、自分自身を恋人のように扱って、優しく声をかけ、元気づけ、労ってあげることなのです。**

何度も言いますが、自分を大切にすることは、わがままやうぬぼれとは全く違います。安心して自分と恋に落ちましょう！　**自分を愛せない人は、誰かを幸せにすることはできません。**自分のことをもっと好きになれれば、もっと自信がついて、もっと人生がハッピーで、ありのままの自分でいることにもっと心地よさを感じられるようになりますよ。

28

鏡はあなたの敵じゃない。

日本に来て驚いたことのひとつは、日本の方はお互いにあまり褒め合わないということです。海外で暮らしたことのある人は思い当たるかもしれませんが、欧米では誰かに会ったら、"You look gorgeous!"（今日も素敵ね！）とか、"Beautiful dress!"（綺麗なドレスね）とか、自然と相手を褒めることから会話が始まります。日本にはそのような習慣がないことにまず驚きましたが、なにより、男性が女性をほとんど褒めたりしないことには大きなカルチャーショックを受けました。女性も女性で、滅多《めった》に褒められることがないものだから、たまに男性が素直に褒めてくれたりすると、「この人、何か下心があるんじゃないかしら？」なんて疑ってかかってみたり……。こんなところにも自信を持てない日本人女性が多い理由があるのではないかと思います。

実は、**女性にとって褒められることはとても重要なのです。男性は、自信を持つことを**

助けるテストステロンというホルモンの分泌がもともと女性より7〜8倍も多いので、女性よりも自信を持っている人が多いのです。例えば、夏のビーチを見渡すと、ちょっと太めの体型の男性でも平気でたぷたぷのお腹を出して堂々と水着姿になっていたりしますが、女性は少しでもボディラインの崩れが気になると、必死になって隠そうとしたり、恥ずかしそうにしていたりします。**女性はもともとテストステロンの分泌が少ないので、自信を持つには誰かに褒めてもらうことが必要なのです。**

しかし、**褒める文化がない日本ではどうすればいいのでしょう。それは、自分で自分を褒めることです。**ばかばかしいと思うかもしれませんが、この手法は「ミラーワーク」というエクササイズで、効果は絶大です。その代わり、最初は非常に難しいと思います。

まず、朝、洗面台で鏡を見た時、自分自身に「あなたのことが大好き!」と話しかけましょう。心の中でささやくだけでなく、声に出して言えばより効果的です。自分の名前を使って「エリカ、私はあなたのことが大好きよ。本当に、心から大好き!」と言い、自分がどのように感じるかを確かめてみてください。多分、最初は変な気分だと思います。

実際私も、アメリカで参加したメンタルヘルスのセミナーでこのエクササイズを初めて体験した時は、恥ずかしさで顔から火が出そうなくらいでした。それどころか、鏡に映った自分を敵視して、「目の下のクマ、ひどいわね……」とか「なんて顔色が悪いのかしら……」とか、外見の批判ばかりしていました。しかし、トレーナーの言葉を信じて「エリカ、あなたのことが大好きよ」と言い続けました。すると、だんだん外見から内面に意識がいくようになり、自分が自分でいることに心地よさを感じるようになってきたのです。

あなたも、**どんなにばかばかしく感じても、少なくとも21日間は必ず毎日続けてみてください**。少しずつですが、「自分なんて価値がない」という気持ちが減ってきて、自尊心が芽生えてきますよ。もし、ナルシストな感じがして嫌だと思うのならば、子供の頃の自分を元気づけるつもりで言ってみてはいかがでしょう。大人になった現在の自分に話しかけるより気が楽かもしれません。それでもどうしても自分のことを好きだと言えない人は、「私はあなたのことを好きになるよう頑張っているの」とか、「どうやったらあなたを好きになれるか勉強している最中なの。でも、きっとすぐに好きになれると思うわ！」と言うことから始めてみるといいですよ。できれば朝だけでなく、鏡を見るたびに、時にはジョークを交えていろんなバリエーションで自分を褒めてあげましょう。

例えば……

・今日のあなた、なんだかイイ感じ！
・あなたと一緒にいるのが一番楽しいわ！　それ以外の人なんて思いつかない！
・あなたと友達になれて、本当に嬉しい！
・いつでもあなたのそばにいるわ
・どんなことがあってもあなたの味方よ
・最近急に綺麗になったけど、好きな人でもできた？

ミラーワークを繰り返せば繰り返すほど、あなたはあなた自身の大敵からチアリーダーに変わっていきます。**人生で自分自身との人間関係が一番長いのですから、自分自身と一番うまくやっていかなければならないのです。このエクササイズは、私がこれまで実践してきた中で最も難しいもののひとつですが、最も効果的でもあるので、自信が持てなくて悩んでいる日本の女性の皆さんは、ぜひ実践してみてください！**

29

背筋を伸ばすと自然と自信が湧いてくる。

デスクでパソコンに向かっている時、食事をしている時、どこかで誰かを待っている時、常に猫背になっていませんか？　ミス・ユニバース・ジャパンでも最初のオーディションの時にはひどい姿勢の人が多く、肩を前方に落としてまるで隠れてしまいたいというような印象になってしまっている人もいました。姿勢は内気な性格や自信のなさを投影しているので、そういう人はコンテストで絶対に勝ち残れません。

多くの日本人女性がこのようにひどい姿勢をしているのは、本当にもったいないと思います。しかし、これは彼女たちのせいだけではなく、文化的背景も影響しているのかもしれません。背筋を伸ばして堂々としていると、押しが強くて自信過剰、女性らしくない印象になってしまうと思っているのかもしれません。でもそんな心配はいりません！　美しい姿勢のバレリーナを想像してみてください。彼女たちは女性らしさ、エレガントさを失ってはいないですよね。逆に、姿勢が悪いとそれだけで居心地が悪いように見えてしまい、相手に悪い印象を与えてしまうのです。また、前屈《まえかが》みになっている時は、肩が下がり、胃が前に押し出されますが、この状態だと実際より太って見えてしまいます。**正しい姿勢で立っていると、胃が脊椎《せきつい》の方へ引き上げられ、ウエストのラインが明確になります。これだけで2～5kgはスリムに見えるのです。**

背筋をスッと伸ばした姿勢は、見た目に美しいだけでなく、自分の内側にも影響を与えます。ある研究では、**背筋を伸ばして胸を張り、美しい姿勢を保つと、脳に自信を与える信号が送られるということが分かっています。**

では実際に、次のポイントに気を付けながら姿勢を正してみましょう。

・脊椎から頭の先を透明な一本の糸で上に真っすぐ引っ張られている様子をイメージする
・肩を後ろに引いて胃がお腹の中央に来るようにする
・おへそが背中に引っ張られているような感覚でお腹をひっこめる

もし、**面接やプレゼン、ここ一番の大舞台で、自信が持てなくて不安に押し潰されそうになったら、立ってでも座ってでもいいので、上からあなたを引っ張っている透明な糸を思い出して、スッと背筋を伸ばしてみてください。**2～5kgもスリムに見えると同時に、自信を与える信号が脳に伝達されて、自分の気持ちをコントロールできるようになり、いつも以上に実力を発揮できると思いますよ！

30

目をそらしたら美女が台無し。

日本に来て受けたカルチャーギャップのひとつが、話す時に相手の目を見ない人が多いこと。最初はとても違和感を覚えましたが、これも日本人の国民性だということに気が付きました。相手の顔をジロジロ眺めるのは失礼という考え方もあるかもしれません。しかし、海外の人から見ると、その様子はとても自信なさげに見えますし、何かやましいことを隠しているのでは？　と疑ってしまいたくなります。

例えば、海外でお店に入って店員さんが"Hello!"と声をかけてきた時、お客さんは必ず目を合わせて"Hello!"と返します。中には"How are you today?"（ご機嫌いかが？）などと聞かれてさらに会話が膨らむこともしょっちゅうです。これがお店に入れてもらうためのファーストステップなのです。たとえその国の言葉が理解できなくとも、相手の目を見て微笑《ほほえ》みを返すだけでも、とても優雅な印象を与えることができます。

日本ではどうでしょう？　お店に入って店員さんから「いらっしゃいませ」と声をかけられた時、全く無視してしまったり、なんとなく目をそらしてそくさと奥の方へ入っていったりしていませんか。それでは素敵な女性のオーラは出せません。こんな時は、相手の目を見て笑顔で「こんにちは！」と返すのが正解です。声に出さなくても、相手の目をしっかり見て微笑むだけでも、あなたから美しい自信のオーラが出るはずです。

毎日会う人に「おはようございます！」と言う時も、初対面の相手に「よろしくお願いします」と言う時も、笑顔で相手の目をしっかりと見ましょう。それだけで、美人度がグンッとアップしますよ。

31 人一倍シャイな私でもできた〝エレガントな会話術〟。

8番目のトピックでも述べたように、わずか1分間の会話で中身がバレてしまうとしたら、外見だけでなく、会話力もブラッシュアップしなければいけません。でも、初対面の人との会話は本当に難しいですよね。実は私は子供の頃から極度の恥ずかしがり屋で人見知りも激しく、知らない人と話すのが大の苦手でした。そんな私が、なんとか自分を変えたいと思って必死に実践した会話術をお教えしましょう。

会話を続けるためには、豊富な話のネタを持っているに越したことはありませんが、「私、そんな面白い話なんてできない……」と不安になる必要はありません。**一番のコツは、なんといっても相手に関する質問をし続けることです。まず、自分自身のことは考えないようにしましょう。あなたが「私って、つまらない人だと思われていないかしら……」なんて、自分のことばかり考えてぎこちなくしていると、それが伝染して相手も居**

心地が悪くなってしまいます。相手の話すことだけに意識を集中させて、自分のことはキレイさっぱり忘れましょう。次にどんな質問をすればいいのかしら……なんて考えなくても大丈夫。相手の答えが自然と次の会話の扉を開けてくれます。

もうひとつのポイントは、相手の目をきちんと見つめること。そして、周りにどれほどたくさんの人がいようとも、相手がその部屋にいる唯一の人という気持ちで耳を傾けましょう。アメリカのクリントン元大統領はそのカリスマ性で有名ですが、彼に話しかけられた人は皆、その部屋に彼と自分しかいないような錯覚《さっかく》に陥《おちい》ってしまうそうです。私も誰かと話をする時は、いつもそういう気持ちで向き合いたいと思っています。そしてお互いに名乗ったり、名刺をいただいたりしたら、意識して会話の端々《はしばし》に相手の名前を入れ込んでみましょう。「○○さんのご出身はどちらですか？」「○○さんってとてもお詳しいですね！」というふうに名前を繰り返すだけでも、相手は自分が特別な扱いをされているという気分になるので、とても効果的です。

会話の糸口が見つからなくて気まずいという人は、相手を褒めることから始めてみるのはいかがでしょう。洋服や靴、時計、アクセサリーなど、「素敵ですね！」と興味を示すだけでも、相手はあなたに対してとても良い印象を抱くでしょう。なんでもかんでも褒めればいいということではなく、その人に興味を示すことが大切なのです。なぜなら、人は自分に興味を持ってくれる人に対して興味を抱くからです。他にも、「こちらにいらっしゃるのは初めてですか？」「どなたかのお知り合いですか？」「そのワイン、美味しいですか？」など、初対面の人にも自然に話しかけられる質問をいくつか用意しておけば、すんなりと会話をスタートできます。

そして、**お金、宗教、性、家族問題、健康問題以外のことであれば、興味のあることをどんどん質問しましょう。**最初はうまく受け答えできなくて気まずくなることもあるかもしれませんが、相手の話を聞いて自分の中でストックしておくだけでも、次回、別の誰かと話をする時のネタになるというものです。

相手の話に熱心に耳を傾け、好奇心のアンテナを広げて会話のボールを打ち返す。この会話力こそが、女性をより美しく見せてくれるのです。

32

ＴＯ ＤＯリスト作りを一度やめてみましょう。

毎日やらなければいけないことに追われて、気が付くとＴＯ ＤＯリストに書き込んで必死にこなそうとしているけど、リストの項目の数は全然減らず、新しいＴＯ ＤＯが増えていくばかり……。こうなると決してゴールに辿り着けない迷宮に迷い込んでいるようなものです。実は私も以前はそうでした。ＴＯ ＤＯリストが決して悪いわけではありませんが、やらなければいけないことに追われっぱなしだと、モチベーションが下がり、いつか燃え尽きてしまいます。それを防ぐためのエクササイズがこれです。**まずは、自分が楽しいと思える予定を書き出してみましょう。**

例えば……

・朝の散歩

・サルサダンスのレッスン
・ペットと遊ぶ
・好きな音楽を聴く
・映画を観《み》る
・気の合う友達と飲みに行く
・読書
・マッサージ
・エステ
・ヘッドスパ
・ネイルアート
・温泉旅行
・海外旅行

スケジュール帳の翌月のページを開いて、このご褒美《ほうび》の予定を先に書き込んでみてくだ

さい。最低でも週に1回優先的に書き込んでしまうのです。急な予定が後から入ってきて、ご褒美の方をずらさなければいけない時もあるかもしれません。しかし、ご褒美の予定を入れておかなければ、何も意識することなく、どんどん予定を詰め込んでしまうでしょう。もしそれほど急ぎでない用件なら、ご褒美の時間を避けて予定を組むこともできますよね。それが、自分を大切にするということです。

自分のための予定を優先的に決めるなんて、自分勝手じゃないかしらと思う人もいるかもしれませんが、これは自分のやる気を長続きさせるためにとても効果的な作戦。自分勝手どころか、積極的にした方がいい人生の工夫です。私も翌年のバケーションは年末までに決めて、どんなに忙しくてもよほどのことがない限り死守するようにしています。そして、それに向かって今年も頑張るぞ！　と気分を上げるのです。「そうは言っても日本の会社では絶対ムリ！」と思う人もいるかもしれませんが、後々変更しなければならない可能性があったとしても、そのご褒美が設定されているかいないかで、潜在意識はガラッと変わるのです。人間って不思議でしょう？

自分にやる気を起こさせるために、上手にインセンティブをセットして、モチベーションをキープする。自分のメンタルをコントロールできているという気持ちは、大きな自信に繫がります。今一度、自分を客観的に見つめ直して、どうやったら自分を喜ばすことができるか考えてみましょう。あなたのことを一番よく分かっているのは、あなた自身なのですから！

33

自分のための〝理想の一日〟を想像して。

メンタルコントロールのために時には自分を甘やかしてあげることも必要だということが分かっていても、とにかく忙しくて自分のための時間を作るなんて絶対ムリ！　と思う人もいるかもしれません。忙しすぎて心がささくれ立っている時は、自分をどうやってケアしてあげればいいか考えることすら億劫《おっくう》ですよね。そんな時は、自分にとっての**〝理想の一日〟を想像してみましょう。とても簡単で楽しいエクササイズですが、考えるだけでも脳にポジティブな影響を与えることができますので、ぜひ試してみてください。**

もし今、一日だけ、仕事や学校、家事、家族の世話など、何もかもから解放されて、あなたの思う通りにしていいよと言われたら、あなたはどうしますか？　できるだけ具体的にイメージするために、次の質問に答えてください。

・あなたはどこにいますか？
・何が見えますか？
・誰と一緒ですか？
・どんな気持ちですか？
・何をしていますか？

私なら、風情《ふぜい》のある温泉旅館にいて、窓の外には青々とした山々が迫り、涼しげに輝く渓流が見えます。夫と一緒で、解放感を味わっています。露天風呂に浸かり、美味しい日本料理をじっくり味わい、マッサージをしてもらっています。もしくは、自宅にいてお気に入りのインテリアが見えています。最新映画のＤＶＤを観ながら、夫やペットの猫たちと一緒にリラックスした時間を過ごしています。

皆さんの完璧な一日はいかがですか？　エステで極楽気分を味わう、ショッピング三昧《ざんまい》、美術館を巡る、気の合う女友達と美味しいスイーツを食べながら話すことがなくなるまでガールズトークに花を咲かせる、ジムでじっくり汗を流す、緑の木々に囲まれてぼけ〜っとする、海が見えるカフェで読書する、心ゆくまでペットと戯《たわむ》れる、一日中パジャマのままで海外ドラマのＤＶＤを最初から最後まで一気に観る、眠くなくなるまでとにかく寝る……。

忙しい毎日の中で、やらなければいけないことに追われて自分をケアできなくなってくると、モチベーションも自尊心もどんどん低下していきます。**最近気持ちが荒れているなと思ったら、５分だけでもいいので立ち止まって、自分を楽しませてあげる方法を考えてみましょう。そしてできれば、１カ月に１日でも、１年に１日でもいいので、あなただけの理想の一日を、他の誰でもない、大切なあなただけのために実現してあげましょう。**

34

〝NO〟は自分を大切にする魔法の言葉。

気が進まない飲み会に誘われた時、あなたは正直に〝NO〟と言えますか？　なかなか難しいですよね。実は私も大の苦手なんです。相手をがっかりさせたくないのではっきり自分の意思を伝えることができず、結局は誘われるがままに参加して、当然心から楽しめるわけもなく、「一体私は何をしているんだろう……」と自己嫌悪に陥ってしまいます。

そんな自分を変えるために、一度思い切って言い訳をせずにきちんと断る、という選択肢を選んでみましょう。感じの悪い人だと思われるんじゃないかと不安がよぎるかもしれませんが、実は他の人は自分が思うほど気にしていないことがほとんどです。

断る時のポイントは3つ。まず、すぐに返事をしないこと。「ちょっと考えさせて」と言って一旦《いったん》保留にして、**本当に自分が望んでいることなのか、自分自身と相談する時間を作りましょう。**

次に、心の声に耳を澄まして、10段階中、どれくらいのレベルで自分が興味を持っているか冷静に考えてみてください。例えば私は、何かに誘われて行くか行かないかで悩んだ場合、レベル7に達していたら行く、レベル6以下ならば断ると決めています。

そして、最後のポイントは、**余計な言い訳をせず、正直な気持ちを伝え、きっぱりと断ること**です。なぜならば、適当な理由を付けて断ってしまうと、また別の機会に同じことに誘われてしまう可能性があるからです。気が向かないことをやってストレスをためるより、勇気を出して〝NO〟と断ることも、自分を大切にすることに繋がります。そもそも、その程度のことで離れていく人は、あなたにとって本当に必要な人ではないのでは？　実は〝NO〟こそ自分を大切にするための魔法の言葉なのです。

35

〝アファメーション〟で幸運を引き寄せる。

アファメーションという言葉を聞いたことがありますか？　自分の理想像を肯定的に宣言し、自分に言い聞かせることで、潜在意識に働きかける手法です。欧米では一般的で、その「宣言」を定期的にスマートフォンに表示してくれるアプリや、自分で作った「宣言」をＢＧＭと一緒に録音してオリジナルＣＤにしてくれるサービスがあるほどです。

この「宣言」を繰り返し声に出して言ったり、心の中でつぶやいたりしていると、ただの理想像と捉えていた脳の認識が次第に変わっていき、やがてその理想像に近づくような思考回路になっていくといわれています。これは単なる精神論ではなく、科学的に裏付けされた脳の機能なのです。アファメーションにはいろいろなタイプがありますが、ここでは私のおすすめの作り方をご紹介します。

1 「私は」「私の」から始めること

アファメーションはあくまでも自分主体の「宣言」で、自分を変えるためのものです。誰かを変えることはできません。ですから、「みんなが私のことを愛している」というようなものはＮＧです。あくまでも自分を主語にして「私は誰からも愛されている」としてみましょう。

2 現在形または現在進行形で（「〜になる」という未来形は使わない）

自信がない自分を変えたいと思った時、「私は自信に満ち溢れた人になる」という目標を立てるのが一般的かと思いますが、アファメーションでは、いつかそうなる、という言い方はＮＧです。なぜなら、「いつかそうなりたい」＝「今はそうではない」というネガティブなメッセージを潜在意識に植え付けてしまうからです。たとえ今の自分が目標から遠く離れていても、すでにそれが実現されている、という形で宣言することがポイントです。ですから、自信をつけたい人は「私は自信に満ち溢れている」と言い切りましょう。

どうしても違和感がある、嘘くさく感じてしまうという人は、現在進行形で「私は徐々に自信がついてきている」というふうにしてみてください。

3 肯定的な表現で（否定形は使わない）

アファメーションは何度も繰り返して潜在意識に働きかけるエクササイズですから、少しでもマイナスの要素が入ってはいけません。例えば、「私は小さなことにくよくよしない」というアファメーションを繰り返していると、「くよくよする」というところだけが潜在意識に伝わってしまう可能性があります。くよくよしたくないと思っているなら、「私は器が大きい」に、常に愚痴《ぐち》ってばかりいる自分を変えたいなら、「私は愚痴を言わない」ではなく、「私は自分の人生に満足している」というアファメーションにしましょう。

いきなり自分の理想像と言われても難しいという人は、まず、今の自分について不満に思っていることを書き出しましょう。その正反対のことがアファメーションになります。

・何をやってもダメだ　　→私は何をやってもうまくいく

・自分のことが大嫌い　→私は自分に生まれたことに感謝している
・急に老けた気がする　→私は歳を重ねるほど綺麗になっている

その他にも、こんなアファメーションはいかがでしょう？

・私は価値のある人間だ
・私は自分に与えられた能力に満足している
・私は計画通りに予定をこなすことができる
・私は歳をとればとるほど、逆に若々しく見られる
・私は自分に優しい
・私は自分をきちんとケアしてあげている
・私はカワイイ
・私は毎日より美しくなっている

・私は自分の見た目が気に入っている
・私は素敵な笑顔で笑うことができる
・私は運がいい
・私は幸せだ
・私のファッションセンスは抜群だ
・私はとても気分がいい
・私はハッピーで自信に満ち溢れている
・私はいい人ばかりに囲まれている
・私はパートナーとうまくいっている
・私は理想のパートナーを惹き付けている
・私が新しいことにチャレンジするとすべてうまくいく
・私は自分を信じている

ちなみに現在の私のアファメーションは次のふたつです。

I have plenty of time to achieve everything that I want to achieve.
私には、自分が成し遂げたいことのための時間がたくさんある。

Life is always filled with exciting new surprises.
私の人生はドキドキするような新しい驚きに満ち溢れている。

思考回路はまるで筋肉のようなもの。手帳に書いたり、携帯電話の待ち受け画面にしたりして、毎日できるだけ多くアファメーションを意識するようにしましょう。潜在意識の奥深くにまで沁《し》み込ませれば、ポジティブな思考回路はどんどん強化され、鍛えられた筋肉のようにたくましくなっていきます。そのうち、特に意識しなくても、その強化された回路に従って自然と前向きな考え方だけできるようになります。思考も筋肉もトレーニング次第。努力すれば必ず結果がついてきますよ！

36

「あなたの情熱は何？」と聞かれたら直感で答えられますか？

“What is your passion?”（あなたのパッションは何ですか？）

突然こう聞かれたら日本の方は戸惑うかもしれませんが、欧米ではわりと一般的な質問です。“Passion”（パッション）を辞書で引くと「情熱」と出てきますが、では、「あなたの情熱は何ですか？」と聞かれて、パッと答えられますか？

英語の「パッション」は、心の中でパッとライトが点灯し、自分を輝かせてくれる何かのこと。自分が心から楽しいと感じられること、時間を忘れて夢中になれること、身体が自然と動いてしまうようなこと、深い充実感を得られること……。人それぞれ必ず何かあると思いますが、**自分が何に情熱を注ぐことができるのか、ハッキリ分かっている人は内側から溢れるオーラが違います。なぜならば、情熱はその人をより美しく輝かせる強い光の源だからです。**

直感で「私の情熱は○○です！」と答えることができた人はラッキーです。しかし、考え込んでしまった方のために、あなたの情熱が何なのかを明確にするエクササイズをご紹介しましょう。次の質問に、深く考えず、直感的に答えてください。

・子供の頃、何になりたかった？
・1週間休みをとれるとしたら何をしたい？
・テレビで自分の特集が組まれるとしたら、テーマは何になる？
・友人から頼りにされていることは？
・子供の頃や学生時代、得意だった科目は？
・ほとんど誰にも知られていないけれど、実は大好きなことは何？
・何をしている時に「上手だね〜！」と言われる？
・本格的に挑戦したわけではないけれど、ものすごく楽しいと感じたことは何？
・いつまででもやっていたいと思う瞬間はいつ？
・感動で鳥肌がたった経験は？

・何をしている時に無条件でワクワクする？

「人生の目標」とか「自分の存在意義」とか、なんだか立派なことを言わなければいけないように感じてしまうかもしれませんが、決して難しく考える必要はありません。食べ歩きでも、スポーツ観戦でも、アート鑑賞でも、ショッピングでも、カラオケでも、韓流スターのおっかけでも……、とにかく自分が一番生き生きしていると思えることを、まっさらな気持ちで考えてみてください。趣味のことでもいいですし、仕事のことでも構いません。

自分の情熱が分かれば、進むべき道も分かってきます。自分の心の声に従って、自分が輝けることをしている人からは、それだけで自然と自信が溢れてきます。ちょっと照れくさいかもしれませんが、自分に正直になって考えてみてください。

37 ビジョンボードであなたの「好き！」を集めましょう。

ネガティブ思考を断ち切り、ポジティブな思考回路を作り上げるのに効果的でとても楽しい〝ビジョンボード〟というエクササイズをご紹介しましょう。

ビジョンボードはあなたの夢や目標、理想的な人生を描写するボードです。あなたが普段の生活の中で感じている「これ、大好き!!」から「理由はないけどなんとなく好き」まで、その度合いにかかわらず、とにかく片っ端から好きなものの写真やイラストを集めてみてください。これはとても取り掛かりやすく、スイスイ進むエクササイズですが、進めていくうちにドーパミンやセロトニンという気分をアップさせるホルモンが分泌され、自己評価を高め、自尊心を養うことが脳科学的にも証明されています。

まず、**雑誌をめくって「好き！」と思うものを見つけたら、とにかくそれを切り抜きます。インターネットで見つけてプリントアウトしてもよいでしょう。写真でも、イラスト**

でも、言葉でも、とにかく「好き！」と感じるものであれば、何でも構いません。

例えば……

・憧れの人、尊敬する人の写真（有名人でも、身近な人でも）
・好きなファッションやアクセサリーの写真
・お気に入りのＣＤのジャケットや本の表紙
・行ってみたい場所の写真
・趣味の写真や興味を持っている分野をイメージさせる写真
・好きな食べ物
・好きな色やイラスト、絵画
・将来住んでみたい理想の家やインテリア
・好きな歌の歌詞、格言、ことわざ
・美しい大自然の写真や心癒される動物の写真
・気に入っている自分の写真

次にコルクボードを用意しましょう。大きめの厚紙や、A3サイズのコピー用紙でも構いません。その台紙に、集めたあなたのお気に入りたちの中から、本当に好きだと思えるもの、自分の理想に近いものを厳選し、貼っていきます。見た目のデザインも考えながら、キレイにレイアウトしましょう。あなたの想像力を最大限に使って、かわいいシールやリボンでデコレーションしてみてもいいかもしれません。ポイントは、糊《のり》で完全に固定してしまわないで、ピンで留めたりテープで貼っておくくらいにしておくことです。そうすると、お気に入りが増えた時に後からどんどん足していって、レイアウトも調整できるので便利です。

できあがったビジョンボードは、ベッドのサイドテーブルや普段目につく場所に置きましょう。そして、なるべく頻繁《ひんぱん》にそのボードを眺めて、なりたい自分、理想とする生活を想像します。ビジョンボードを写真に撮って、それを携帯の待ち受け画面やパソコンの壁紙にしておくのもいいでしょう。

ちなみに、本書冒頭の写真は、私が作ったビジョンボードです。

特に寝る前に眺めると効果は絶大です。就寝前の45分間の気分は睡眠中の潜在意識に影響を与えるので、寝る前にポジティブなことを考えれば、一晩中ポジティブな思考がリピートされるのです。

前にも述べた通り、朝起きた最初の瞬間に何を考えるかも、メンタルコントロール上とても重要です。ですから、目が覚めたらまずビジョンボードを見て、あなたの大好きなもので気分を上げて、一日をスタートさせましょう。毎日繰り返しているうちに、少しずつ新しい思考回路ができあがり、自然と前向きな気持ちになりますよ。ビジョンボードは、作る作業も、眺めることも、きっと想像以上に楽しんでいただけると思いますので、ぜひ試してみてください！

38

死ぬ前に一度はやってみたいことは何？

あまり縁起のいい言葉ではありませんが、英語で死ぬことを意味する“Kick the bucket”（バケツを蹴る）という言い回しがあります。そこから派生して、**死ぬまでにやってみたいことをまとめたものを“Bucket List”（バケツリスト）と言います。**普段の生活の中で、いつかはやってみたいとぼんやり思っていても、それをハッキリ口に出すことはほとんどないですよね。この「バケツリスト」は、あなたの胸の中にあるぼんやりとした願望を文字で明確化することで、それらを実現に近づけるためのエクササイズです。

ポイントは、深く考えないこと。死ぬまでに一度はやってみたいことは？　と自分に聞いて、出てきた答えをすべて書き出しましょう。社会的な意義があるとかないとかは、一切関係ありません。心の声に耳を澄まして、正直に答えてください。そうすると、あなたの情熱、つまり本当に興味のあることが分かってきます。

例えば……

□富士山に登る
□ピアノで好きな曲を弾けるようになる
□イタリアのフィレンツェで本場のイタリア料理のレッスンに参加する
□憧れの5つ星ホテルに泊まって高級スパでマッサージを受ける
□フランス語を勉強する
□大好きな映画の舞台になった街を訪れる
□タンゴを踊れるようになる
□ショートヘアにする
□クリスマスをニューヨークで過ごす
□生まれた年のワインを飲む
□陶芸を学ぶ
□博士号を取得する

ちなみに私の「バケツリスト」の一部をご紹介するとこんな感じです。

□日本の人たちが健康で自信に溢れた毎日を過ごせるよう、手助けをする
□日本語を完璧に話す
□東京で自分でデザインした家を建てる
□We Love Washoku のムーブメントを起こす
□サルサを踊れるようになる
□オーストラリアのエアーズロックで満天の星空の下で眠る
□インターネットのない環境で、南の島に1カ月滞在する
□アリゾナ州のセドナに行く
□カンボジアのアンコールワットに行って朝日を見る
□ボツワナのオカバンゴ・デルタのサファリを探検する
□伊勢神宮に行く
□整理整頓の達人になる

□ガラパゴス諸島に行く
□オーロラを見に行く
□グランドキャニオンに行く
□野生のイルカと一緒に泳ぐ
□ヨセミテ国立公園に行く
□水彩画を習う
□フランスでシャンパンのワイナリーを訪ね、シャンパンテイスティングをする
□北極のクルーズに参加する
□パンダの赤ちゃんをだっこする

改めて「バケツリスト」を書いてみると、私は旅行に対してとても興味があり、情熱を感じているということに気が付きました！

完成した「バケツリスト」は、手帳や携帯のメモに書き込んで、できるだけ多く目にす

るようにしてください。そして、時々思い出して更新していきましょう。ＴＯＤＯリストのように達成できたことは□にチェック印を入れて、新しく思いついたことはどんどん書き加えていきます。ちなみにこの本を書いている時に伊勢神宮を参拝することができたので、今、私のバケツリストは「☑伊勢神宮に行く」となっています。チェック印を入れると達成感があり、気分が上がります。単純な作業に思えるかもしれませんが、文字にして明確化するかしないかで、潜在意識が全然違ってきますよ。

39

一日に何回不満を言ったか、一度数えてみて。きっと驚きますよ。

突然ですが、質問です。今朝起きてから何回文句や愚痴を言いましたか？

「こんな日に限って雨だなんてサイテー！」

「なんで私がこんな仕事しなきゃいけないの⁉」

「頑張ったのに誰も褒めてくれない……」

口に出さなくても、心の中でつぶやいた小さな不平不満も思い出してみてください。不満を抱いて悶々としていると、脳の中のネガティブ思考の回路がさらに強固になり、ポジティブな考え方をしづらくなってしまいます。そして結果としてあなたの幸せを奪い去ってしまうのです。

不平不満をなるべく抱かないようにするには、まず、自分が毎日どれだけ文句を言いながら生活しているかを知ることです。例えば、ゴム製のリストバンドや髪の毛を結うヘアゴムを片方の手首につけて、文句を言うたびにもう一方の手首につけ替えるという方法を試してみてください。いかにたくさんの文句を言いながら生活しているか、きっと驚くことでしょう。

アメリカでは、このエクササイズのためのComplaint Free Braceletというバンドが実際にあるほどで、ポジティブな思考回路を作る方法としてさまざまなメディアでも取り上げられ、1千万もの人が実践したといわれています。

目標は文句や愚痴、不平不満を言わない日を21日間継続することです。これができるようになるまでには平均で4〜8カ月かかるそうです。少しハードルが高いように思えるかもしれませんが、**まずは、自分が普段どれだけ文句を言っていて、いかにネガティブ思考を強化してしまっているかに気付くだけでも大きな一歩です。**ぜひ試してみてください！

40

落ち込んだら、とにかく身体を動かしましょう。

栄養バランスの良い食事をして、充分な睡眠をとり、ポジティブ思考のためのメンタルトレーニングを実践して、さらにもっと気分を上げたいならば、身体を動かすことが効果的です。激しい運動の場合、開始してから5分以内に気分に良い影響を与えるという研究結果があるほど、運動には即効性があります。そして、運動をした後に気分がリフレッシュするという短期的な効果だけでなく、運動によって分泌されるセロトニンやノルアドレナリンのような神経伝達物質は、うつ病にも効果があるといわれています。

運動は、セロトニンやエンドルフィンのような神経伝達物質の分泌を促し、肉体的、精神的苦痛を和らげてくれます。気分を上げてくれる効果があることから〝ハッピーホルモン〟とも呼ばれるエンドルフィンですが、それほど激しくない運動でも、開始してから約15～20分で分泌が活性化するといわれています。さらに、運動によって脳の中で学習と記憶を司る海馬《かいば》の部分で新しい神経細胞が形成されることも分かってきました。ヒトは30歳頃から脳内の神経細胞が減少していくので、この神経細胞の新たな形成はとても重要な影響なのです。

運動はＢＤＮＦ（脳由来神経栄養因子）と呼ばれる脳内の神経系液性タンパク質を刺激し、神経細胞の成長を促します。また、運動を行う人ほど、質の高い睡眠がとれます。これは脳の保護（防護）効果によるものだといわれています。

身体を動かすのが苦手という人は、運動のアンチエイジング効果に目を向けてモチベーションを上げるのはいかがでしょう？　**1週間に3時間の運動をすると、全く運動をしない人に比べて9歳若く見られるという研究結果もあります。**

フルマラソンのような激しい運動ではなく、ダンスやヨガ、ピラティス、あまり激しくないエアロビクス、ジョギング、インターバルトレーニング、ウエイトトレーニング、サイクリング、ウォーキング、ベリーダンス、エクササイズのＤＶＤを見て真似《まね》をする……など、自分の好みに合わせてムリなく楽しく続けられるよう工夫してみましょう。

また、特別な運動をしなくても、普段の生活の中で脚を動かすだけでも効果が期待できます。いつもの通勤・通学路で、ひと駅前で降りて会社や学校まで歩いてみる、エレベーターの代わりに階段を使う、車や電車で移動していたところを自転車にしてみる、といったちょっとした運動でも、単にカロリーを消費するということだけでなく、メンタルにもとても良い効果をもたらします。

もし、会社でミスをしたり学校で怒られたりして気分がダウンした時は、会社の周りを歩いて一周してくるとか、学校の近くの公園まで行って帰ってくるだけでも、気分が相当上向きます。ジムに行ったりジョギングをしたりする気力がなければ、部屋でお気に入りの音楽をかけて人目を気にせず踊りまくるのもいいアイデアです。これらは科学的根拠に裏付けされていますから、ぜひ一度試してみてください！

41
深呼吸は心と身体への高級エステ。

忙しすぎてイライラしている時、大失敗をして落ち込んでいる時、あなたはどうやって気持ちを落ち着かせますか？　思い切って休みを取って温泉に行ったり、高級スパで全身をマッサージしてもらったりできれば、少しはリフレッシュできるかもしれません。ですが、なかなかそうもいかないですよね。実は、休暇を取ったり、どこか遠くへ行ったりしなくても、いつでもどこでも、お金をかけずに簡単に行える方法があるのです。何だか分かりますか？　答えは、深呼吸。**精神状態を落ち着かせ、ポジティブな気持ちに導いてくれるセロトニンやドーパミン、エンドルフィンなどのホルモンの分泌を、深呼吸で増やすことができるのです。さらに、美肌をキープするのに欠かせないホルモンであるDHEAを増やし、コルチゾールなどのストレスホルモンの分泌を減らすことから、アンチエイジングにも効果的だといわれています。**

では、早速試してみましょう！

①携帯、パソコン、テレビなど、すべてのデジタル機器をオフにします。

②部屋の灯《あか》りを落とします。蛍光灯ではなく、できれば間接照明の優しい光に。真っ暗にしてもいいのですが、寝てしまいそうな場合は少し明るい方がいいと思います。

③背筋を伸ばして座ります。壁に背を当てて脚を前に伸ばした姿勢でも、椅子に腰掛けた状態でもＯＫです。床に寝た状態でもいいですが、眠ってしまっては意味がないのでご注意を。

④時計のタイマーを10分間でセットする。どうしても携帯のタイマーを使用したい人は、着信で気が散らないように機内モードにして使用しましょう。可能な人は15～20分間でセットした方が効果的です。

⑤目を閉じる。

⑥自分のテンポで腹式呼吸を繰り返す。

これを繰り返しながら、呼吸にだけ意識を集中します。しかし、集中しようとすればするほど、いろんなことを考えてしまうのが人間です。私も未だになかなかうまくできません。「姪《めい》っ子の誕生日にお祝いメッセージを贈るのを忘れてた！」とか、「ココナッツブレッドを作ろうと思ってたけど卵は４つ残ってたかしら……」とか、「クリーニング屋さんに出していたワンピースを取りに行くの忘れてた！」とか、「ネイルサロンの予約しなきゃ……あれ？　定休日は火曜だったかしら水曜だったかしら？」とか……。今となっては笑い話ですが、最初のうちはあまりにもいろいろ思い付いて気になって仕方がなかったので、手元に紙とペンを用意しておいて、忘れないようにＴＯ　ＤＯリストを書きながらやっていたこともありました。

そんな時は無理に何も考えないようにするのではなく、考え事が浮かんだら、それを空に浮かんだ雲を見つめる気分で客観的に捉え、右から左に流れていくのをただ眺めていましょう。

よく晴れた青い空が見えます。

買い物に行かなきゃ……。お腹空《す》いたな……。あの人は元気かしら……。いろいろな雲が右の方からゆっくり流れてきますが、あなたは何もする必要はありません。ただただぼ〜っと眺めていると、その雲はゆっくり左に流れてやがて視界から消えていきます。最初は青い空が雲だらけになってしまうかもしれませんが、何度も挑戦していると、だんだん晴れてきて快晴になります。私はもう随分《ずいぶん》と長い間この呼吸法を実践していますが、実は快晴の空になったことは、数回くらいしかありません。しかし、たとえ空が曇っていても効果がないわけではありません。脳と身体はきちんとお休みを取れていますので、心配せずに続けてみてください。

できれば毎日頑張ってみましょう。思った以上に効果があることにきっと驚くと思います。**感情をコントロールできるようになりますし、自然と前向きになれます。創造力や集中力もアップしますし、肌のツヤも出るという嬉しいボーナスも付いてきますよ！**

42 自信がなくなったら〝ビタミンN〟が効きます。

精神的に疲れたと感じた時、なぜだか自然に触れたいと思った経験はありませんか？実はそれは気のせいではないのです。**緑豊かな自然の中に身を置くだけで、リラックス効果があり、コルチゾールなどのストレスホルモン値が下がるということが１００以上もの研究によって示されています。この自然がもたらす効果を欧米ではビタミンにたとえて〝ビタミンN〟（Nature=自然）と呼んでいます。実際にそのようなビタミンが存在するわけではありませんが、それほどの嬉しい効果があるのです。**

自然と健康の関係については日本で最先端の研究が行われており、森林浴が身体に及ぼす影響についても研究されています。例えば、自然の中と街の中をそれぞれ15分間歩く場合、自然の中を歩く方が、血圧、心拍数、コルチゾールの値が、いずれも顕著に低いことが分かりました。それだけでなく、副交感神経と呼ばれるアンチエイジングの神経機能が非常に活発になったそうです。また、女性を対象とした別の研究では、免疫系を支えるナチュラルキラー細胞の数が、森の中で数時間過ごしただけで37％も増えたという結果が出ました。近年アレルギーや自己免疫疾患が増えているのは、自然の中に存在する有益なバクテリアに触れる機会が少ないことが原因のひとつではないかと考えられているため、そういう意味でも自然に触れることがいかに大切かが分かります。

〝ビタミンN〟を摂取するのは難しいことではありません。ただ自然の中で5分間ぼけ～っとしているだけでいいのです。幸運なことに、日本の国土は約70％が森林で覆われているので、気が向けばハイキングをしたり、自然を楽しんだりできる環境にありますよね。

本物の自然にゆっくり触れることが何より一番ですが、どうしても時間が作れないという人は、以下のことを心がけるだけで〝ビタミンN〟の摂取に繋がります。

・近所の緑地を探す（近くの公園でも大丈夫です。公園でランチを食べたり、犬の散歩、ピクニックを楽しんだりするのもいいでしょう）
・職場のデスク周りに植物を置く（デスク上に植物を置くだけで血圧が下がるといわれて

います。また、緑がある職場で仕事をしている人の方が、より仕事に対する充実感や意欲があり、辛抱強いだけでなく、フラストレーションや健康上の問題が少ないことが分かっています）

・ミニガーデンを作る（自宅のベランダでミニチュアの庭を作ったり、室内で植物やお花を育てるのもいいでしょう）

生きていれば楽しいことばかりではありません。落ち込んで自信を失う時もあります。そんな時にどうすれば自分を励ましてあげられるか、その方法をたくさん知っているに越したことはありません。あなたの心を癒してくれる〝ビタミンN〟は、普段から簡単に摂取できますよね。美しい自然のパワーをもらい、上手にストレスをコントロールしましょう。

第4章

歳を重ねるって、とっても楽しい！

43 女性はワインと同じ。時間はあなたの味方です。

いつまでも若々しく、美しくいたい。そう願う気持ちは万国共通です。ただし日本人の若さに対する執着は、世界的に見てもかなり強烈！

「25歳の未婚女性はクリスマス当日に売れ残ったケーキと一緒で半額に」というジョークや、「女房と畳は新しい方がよい」ということわざがあると聞いた時には、頭の中が「？？？」で埋め尽くされたほど（笑）。

さすがに今時そんなことを口に出して言う人はいないかもしれませんが、日本にはまだまだ「女性は若いほど価値がある」という考えが根強いように感じます。

確かに若々しい気持ちでいることは大切です。でも、痛々しいほど若作りをしている女性を見かけると、「どうしてそっちの方向で頑張ろうとするの？」と不思議に思います。若い人には若い人の魅力がありますが、歳を重ねた女性にはそれを上回る魅力があります。

それなのに、なぜそちらの方向で自分をプレゼンしないのでしょう？

フランスには「ワインと女は古い方がよい」ということわざがあります。つまり、**ワインは熟成した方が価値が高まるように、女性も何も分かっていなくて話していても面白みのない小娘よりも、さまざまな経験を重ねてきた女性の方がずっと魅力的だということなのです。**実際、常に美しさに磨きをかけているフランスのマダムたちは、年下の男性の憧れの存在なのです。

今年もまたひとつ歳をとってしまった……と憂鬱《ゆううつ》になっている日本女性の皆さん、もっと胸を張って歳を重ねることを楽しみましょうよ。時間は女性の味方なのですから！

44

83歳のスーパーモデルに見る圧倒的な美。

前のトピックでも述べたように、日本の女性は歳をとることをとても否定的に考えているような気がします。それは、歳を重ねることが楽しみだと思わせてくれるロールモデル（お手本）を見つけられていない人が多いからではないでしょうか。

そんな方におすすめの映画があります。「About Face: Supermodels Then and Now」というドキュメンタリーです。１９７０年代から80年代にかけて活躍したスーパーモデルを追跡取材した作品で、ポーリーナ・ポリツィコヴァ、キャロル・アルトやイザベラ・ロッセリーニ、クリスティ・ブリンクリー、ジェリー・ホールなど、かつて一世を風靡《ふうび》した有名モデルたちが総出演しています。

その中でも私が衝撃を受けたのは、１９３１年生まれで現在83歳となったカルメン・デロリフィチェです。なんと彼女は未だに現役のトップモデルとして活躍しているのです！

『ＶＯＧＵＥ』の表紙に初登場したのは15歳の時。つまり、70年近く現役モデルとして第一線で活躍しているのです。彼女の高い頬骨と、美しいプラチナシルバーの髪には、思わず見とれてしまいます。

カルメンという圧倒的な美しさを放つ素晴らしい人生の先輩がいれば、美しさにリミットはないということを実感できます。**私たちは何歳でも美しくなれるし、何歳まででも美しくいられる。もちろんそのために絶え間ない努力は必要ですが、歳のせいにして諦めてしまっているのは、他でもない、自分自身なのです。**

45

30歳、40歳、50歳……。大台に乗る時こそ盛大にお祝いを!

29歳から30歳になる時、日本の女性は「あ〜あ、ついに三十路《みそじ》だわ……」なんて、憂鬱な気持ちになる人が多いようですね。実はオーストラリアでは全く反対なんです! 大台に乗った時の誕生日は、いつもの年よりも大勢の人に声をかけて、盛大に祝うのが一般的です。10年間支えてきてくれた人に感謝して、10年間で成長した自分を讃えて、そして次の10年がより実りの多い時間になるよう祈りを込めて、それはもう、感謝と希望に溢れた時間を家族や友人たちと過ごす一大イベントです。私も30歳になる時はシドニーでナイトクラブを貸し切り、友人たちに70年代のファッションで来てね、と招待状を送って、一晩中盛り上がりました。40歳になった時は、東京の自宅に入りきれないほどの人を招待して、夜遅くまで大好きな人たちに囲まれて楽しい時間を過ごしました。ちなみにこの時のテーマはラテンファッションでした。今でもとってもいい思い出です。私の母親なんて、50歳のバースデイパーティで、テーブルの上でダンスしていましたよ（笑）。

ここに、日本と欧米の考え方の違いが表れていると思いませんか？「歳をとること」＝「嫌なこと」、「若い」＝「魅力的」と考える日本人。「歳をとること」＝「嬉しいこと」、「若い」＝「未熟」と考える欧米人。もちろんどちらが正解ということはありませんが、**時間の経過は誰にでも平等、どちらにしても歳をとるのですから、楽しんだ方がお得ですよね？**

日本でも60歳で還暦、70歳で古希をお祝いするというステキな習慣があるのですから、もっと若い時からお祝いしましょうよ。名付けて“Decade Party《ディケイド・パーティ》”（10年ごとの大感謝祭）！　これからは大台に乗るのを目前にため息をつくのではなく、ディケイド・パーティのプランを練って、ワクワクしながら新たな10年を迎えましょう！

46 セクシーに賞味期限はありません。

日本語には「女を捨てる」という表現がありますよね。自分も女の部分を捨ててしまっているなぁ、と思い当たる人はいませんか？　日本の女性は、「年甲斐《としがい》もなく……」と言われるのを恐れて、セクシーでいることに臆病になっている人が多いように思います。しかし、**何歳になってもセクシーさを失う必要はありません！**

ベージュのランジェリーではなく、気分が上がる色のランジェリーを買ってみる、官能小説を読んでみる、ベリーダンスやタンゴ、ポールダンスを習ってみるなど、異性を意識した行動をしてみてください。「もうオバサンなんで……」と謙遜《けんそん》せず新しいファッションや趣味に挑戦することで、女性としての輝きはどんどんアップしていきます。実際、ネイルサロンやヘアサロン、エステサロンに行って身なりを整えるだけで、オキシトシン、セロトニンの分泌が上昇し、ストレスホルモンが下がるという研究結果があるほどです。

常に〝Eye Candy《アイ・キャンディ》〟＝「心のアイドル」を持っていることも大切です。シリアスな恋愛感情とまではいかなくても、例えば、毎朝電車で顔を合わせる人、ジムのインストラクターさん、宅配便のドライバーさん、行きつけのカフェやバーの店員さん、営業先の会社でたまに会う人、もしくは憧れのアイドルや俳優さんに対するミーハーな気持ちでもいいのです。「なんだか感じのいい人だな」「ちょっとタイプかも」「声がステキ」「笑顔がカワイイ！」などなど、異性に対してちょっぴり〝ドキドキ〟するだけでも効果が期待できますよ。

〝ドキドキ〟する気持ちに年齢制限はありません。私の母は70代ですが、ふたまわりも年下の俳優さんの写真をパソコンのスクリーンセーバーにしているんですよ。キュートでしょ？　ちなみに私は、大好きな坂口憲二さんと高橋克典さんの写真をデスクトップに保存しています！（笑）

47

日本人女性の美意識レベルは世界一。

これを言うと、日本人の皆さんは本心なのか、謙遜してか、「信じられない！」とおっしゃいます。しかし、これはお世辞でも何でもなく、**日本人女性のメイクの上手さやファッションセンス、オシャレのレベルは外国人からとても高い評価を受けているんですよ。**

まず、メイク専門の月刊誌があること自体驚きですが、一般的なファッション誌のメイク特集も含め、メイクの方法に関する記事の詳しさといったら……！　ヘアスタイルに関する情報も豊富ですし、ネイルアートの丁寧さや独創性も圧倒的にレベルが高い!!　外国人の中にはこの日本人女性の繊細さや勉強熱心な姿勢に、感動する人も少なくありません。もちろん、海外の雑誌でもメイクを特集した記事はありますが、ここまで細かく、緻密なテクニックを必要とする内容はまずありません。手先が器用で繊細な感性を持つ日本人のヘアメイクアーティストやネイリストたちが、ハリウッドのセレブたちの間で大活躍しているのも頷《うなず》けます。

さらに、ファッションの平均的なレベルの高さにも感動します。これは必ずしも最先端の洋服を着ているという意味ではなく、メイクもヘアスタイルも含め、きちんと身だしなみを整えて小綺麗にしているという意味です。そして、天使の輪が光るツヤツヤの黒髪、キメが細かくて透明感のある肌は、外国人の羨望《せんぼう》の的です。海外にもオシャレな人はたくさんいますが、全くもって無関心の人もたくさんいます。日本に住んで今年で計18年になりますが、街行く女性を眺めていると、日本人女性全体としてのレベルの高さはピカ一だと私は思います。

手先が器用で、最後まで手を抜かない丁寧さ、これぞジャパニーズ・クオリティですよね。こういう言い方をするとなんだか大袈裟《おおげさ》に聞こえるかもしれませんが、皆さんが街にショッピングに出かけようと思って身支度をする程度のことでも、その〝きちんとしている感〟のレベルは、とても高いのです。

日本に生まれて、それが当たり前と思って育った人にはいまいちピンとこないかもしれませんが、日本人女性はそのことにもっと自信を持ってください！

48

〝日本人体型〟は実は、外国人の憧れ。

「胸を大きくする食べ物はなんですか？」

テレビや雑誌の取材、講演会で一般の方やミス・ユニバース・ジャパンのファイナリストたちからも、びっくりするくらい何度も聞かれた質問です。結論から言うと、胸だけをピンポイントで大きくする食べ物は存在しません。しかし、そもそもどうして**日本の女性がそれほどまでに胸にコンプレックスを持っているのか、私にはとても不思議です。それどころか、バランスのよい胸のボリュームとシェイプが、心から羨ましいと思っているのです。**

ボリュームのある胸が女性らしさの象徴だと思っている人も多いでしょう。確かに魅力のひとつではあると思います。しかし実際に胸が大きいと、洋服を着た時に綺麗なラインが出ないので、せっかく美しいシェイプに仕上げられた洋服もその良さを１００％発揮できません。私は胸が大きいことがずっとコンプレックスだったのですが、私がAラインのドレスやゆったりとしたTシャツを着ると、キャンプの時のテントのように胸から下がだぶついてしまい、実際より太っているように見えるので、絶対にそういう形の洋服は選ばないようにしています。しかも、大きな胸は重力に逆らえず、加齢とともにどうしても下がってきてしまいます。それに比べ、小さめな胸の人は、洋服のラインを崩すことなく、とても綺麗に着こなせますし、歳を重ねても比較的良い形を保つことができます。

私の母は胸が小さめで洋服を綺麗に着こなせるのに、どうやら私は父方の祖母の血を引いたようで、いつも母の体型が羨ましいと思っていました。しかし、ダイエットや筋トレで多少変わるにしても、胸のサイズは基本的に遺伝です。どうにもならないことをコンプレックスに思って隠そうとするより、チャームポイントとして強みに変えた方が、女性は圧倒的に美しくなれます。しかも、今はとてもいいブラジャーがあるので、うまく活用すれば理想の体型に近づけることができますよね！

また、**日本では脚が短く胴が長いという悩みを抱えている人も多いのですが、海外では逆に胴が短い体型を〝ショートボディ〟と言い、コンプレックスを感じている人も多いの**

です。何を隠そう私もその一人。これを話すと日本の方からは「胴が短いということは脚が長いということだから、羨ましい悩みですね」なんて言われてしまいます。しかし、これは自慢でも謙遜でもありません。海外のファッション誌で「胴を長く見せるためのテクニック」「ショートボディをカバーする着こなし術」といった記事が掲載されるほど、とても一般的で深刻な悩みなのです。私はハイウエストのドレスは避けて、なるべくローウエストのものを選ぶようにしています。

「どうして胸が小さいんだろう？」「どうして脚が短いんだろう？」とネガティブな方向で悩み続けても、何もいいことはありません。それよりも損をしていると思っていることが、実はチャームポイントにもなり得るということに早く気付いて、その部分を強調するのが一番賢い方法なのです。

49

10年後の自分が「ありがとう」と言ってくれることを今日やりましょう。

10年後のあなたが、今のあなたに向かって語りかけるとしたら何と言うか、想像してみてください。それは感謝の言葉ですか？　それとも不満の言葉ですか？　美容や健康にいいと分かっていても、なかなかライフスタイルを変えられないのが人間です。でも、**未来の自分の声に耳を澄ますと、今、自分が何をすればいいのかが自然と見えてきます。**

例えば……

・眠くても必ず朝食を摂るようにする
・食事はタンパク質から食べ始めるようにする
・値段が少し高くても、オーガニックの食材を選ぶようにする
・ジャンクフード、ファストフードを意識的に減らすようにする

・オリーブオイルを料理にもっと使うように心がける
・週に一度は残業をしない日を決めて、ヨガのレッスンを受ける
・自分へのご褒美としてマッサージやエステを予約する
・たまには自然の中でリラックスする時間を作る
・いつもより1時間早くベッドに入るようにする
・家族や友達に感謝の気持ちを言葉に出して伝えるようにする
・自分に対してもっと優しく、頑張ったことを褒めてあげる

自分のためにコツコツ続けていることは、たとえ誰も見ていなくても、未来の自分がしっかり見ています。そして、そんなあなたに感謝してくれるはずです。

50 失恋、不採用、拒絶……。それは人生のチャンスよ！

誰かに拒絶されるという経験は本当に辛いものですよね。好きな人から別れを告げられたり、友達から仲間はずれにされたり、就職活動の面接で落とされ続けたり……。もう、この世の終わりだ!! と絶望することもあるでしょう。しかし、実はその〝拒絶〟のお陰で幸運が舞い込んでくることがあるのです。

11番目のトピックでもお話しした通り、私は大学を卒業してからすぐに栄養関連の仕事に就いたわけではありません。日本で就職活動をしたこともありますし、面接で落とされたこともあります。今だから言えるのですが、ＪＲ東日本の最終面接で最後の２人にまで残っていたのに不採用になったこともありました。電話で「今回はご縁がありませんでした……」と告げられた時には、奈落の底に突き落とされたような気分でした。

しかし今思えば、あの時受かっていなかったからこそ、今、自分が本当にやりたいことをしていられるのではないかと思うのです。**今あなたが、誰かに拒絶されて絶望しているとしても、それはあなたが幸せになるために必要な正しいプロセスなのかもしれません。**

悲しい時は思いっきり泣くのもいいでしょう。でも、それは決してこの世の終わりなどではなく、新しいステージの幕開けであることを頭の片隅に覚えておいてください。

51

うまくいかない人間関係は、ふさわしい人に出会うためのレッスン。

職場や学校、親戚、ご近所様など、変えたくても変えられない人間関係に疲れ果て、そこから逃げ出してしまいたいと思うことはありませんか？　長い人生の中には、どんなに頑張ってもうまくいかない人間関係で心が折れそうになる時もあるかもしれません。しかし、どんな人間関係からでも学べることは必ずあるのです。

✦自分の求めているものが何であるかを知ることができる

あなたが人間関係において何が大切で、何を経験したいか、どう扱われたいかなどが分かり、自分の価値観が見えてきます。

✦自分が求めないものが何であるかを知ることができる

うまくいかない人間関係を通して、あなたは今後の人生において二度と経験したくないこととはどんなことなのかを教わります。もう決して味わいたくない感情や人からの扱われ方、口のきき方などを、自ら体感できるのです。さらに、それをしっかりと振り返ることは、また悪い人間関係が始まりそうになった時、同じ過ちを繰り返さないようにアラームを鳴らしてくれます。

✦自分にとってふさわしい人の見定め方を学ぶことができる

間違った人を選ぶという失敗を重ねることで、自分にとってどういう人がふさわしい人かを知ることができるのです。そうすれば、その人があなたの人生に現れた時、直感で分かるようになります。そして、そのことへの感謝はより一層大きくなるはずです。

✦自分自身のことを知ることができる

人間関係は自分が誰であり、自分にとって何が大切かを教えてくれます。そして、時には自分が次に進むべき方向をも示してくれます。真の人間関係を通して私たちは妥協しないことを学び、より強く自信を抱くことができるようになるのです。

もし今あなたが人間関係で悩んでいるのなら、**「ふさわしくない人との出会いが、自分をふさわしい人との出会いに近づけてくれている」と発想を変えてみましょう。**どんなに辛い人間関係であっても、時間の無駄ということはありません。それどころか、あなたがもっと幸せになるための貴重なレッスンなのです。何があっても誰かと出会ったことを後悔しないでください。歳を重ね、いろいろな人と出会うことで、あなたは確実に成長しているのですから！

52

大切なものから順に人生を満たしていきましょう。

皆さんご存じの通り、日本人の平均寿命は世界一で約84歳（二〇一二年）です。日数に直すと約3万日になりますが、いくら世界で一番長生きできると言っても、今あなたが28歳ならあと2万日ほどしか残っていません。あなたが56歳なら、あと1万日ほどです。人生というものは実にあっという間に過ぎていくもの。残念ながら永遠ではありません。私たちはその限られた貴重な時間を、日々の雑事に追われてただただ慌ただしく過ごしてしまいがちですが、「一日24時間じゃ、どんなに頑張っても足りない！」と思っている人に、ぜひ聞いていただきたい話があります。

ある日、哲学の教授が大きなガラス瓶とたくさんのゴルフボールを教室に持ってきて、学生たちに言いました。

「これからゴルフボールをこのガラス瓶に詰めるので、いっぱいになったら手を挙げてください」
ガラス瓶はすぐにいっぱいになり、すべての学生が手を挙げました。次に、教授は小石が入った袋を取り出し、ガラス瓶に入れ始めました。小石はコロコロと転がり、ゴルフボールの隙間に入っていきました。学生たちは笑いながら「今度は本当にガラス瓶がいっぱいになりました！」と手を挙げました。さらに教授は、砂の入った袋を取り出してガラス瓶にサラサラと入れ始めました。砂はゴルフボールと小石の隙間に入り込んでいきました。教授は尋ねました。「今度こそ、いっぱいになりましたよね？」学生たちは大きく頷きました。すると教授はニッコリ微笑んで、コーヒーをガラス瓶に注ぎ始めました。コーヒーはゴルフボール、小石、砂の微かな隙間を完全に埋めつくしました。そして、言いました。

「人生とは、このガラス瓶のようなものなのです。ゴルフボールは人生で最も大切なものを表しています。それは、家族であり愛する人、あなたの情熱であり、あなた自身の健康です。あなたがこれら以外のすべてを失ったとしても、この最も大切なものがありさえすればあなたは自分の人生を満たすことができるのです」

小石はあなたの人生においてかなり重要なものを表しています。しかし、それらはあなたの幸福を決定づけるようなものではありません。それは例えば、仕事であったり家や車だったりするものです。

砂が示すものは、それ以外のすべてのもの、つまり、人生において数えきれないほど些細なもののことです。自分のガラス瓶を最初から砂で埋めつくしてしまっては、ゴルフボールや小石を入れる空間がなくなってしまいます。私たちの人生も同様に、細々とした忙《せわ》しない物事で最初に埋め尽くしてしまうと、本当に大切なものに割くべき時間を失ってしまうということなのです。

一瞬静まり返った後、一人の学生が質問しました。「教授、それではコーヒーは何を表しているのでしょうか？」教授はこう答えました。「良い質問ですね。それは、君の人生がどれだけ忙しくて、いっぱいいっぱいになっているように感じても、友人とコーヒーを飲む時間はいつでもあるということですよ」

あなた自身に質問をしてみてください。

・人生というあなたのガラス瓶の中で、最も大きなスペースを占めるものは何ですか？

・最も大切な「ゴルフボール」とは、あなたにとって何ですか？
・どんな「小石」や「砂」にスペースを取られすぎていますか？
・今週は誰とコーヒーを飲みますか？

残念ながら若いうちは人生経験が足りないので、このガラス瓶の輪郭が見えなかったり、ゴルフボールと小石、砂の区別がつかなかったりするものです。しかし、歳を重ねることに自然と無駄なものが削ぎ落とされ、自分にとって本当に大切なものの優先順位をつけられるようになってきます。自分の人生が大切なものだけで満たされ、一緒に美味しいコーヒーを飲みながら語り合える人がいるということほど心地良いことはありません。

今、自分のガラス瓶はほとんど砂だけで埋め尽くされていると感じている人は、目を閉じて想像してみてください。これから毎年、少しずつ中身が入れ替わり、砂が小石に、小石がゴルフボールに替わり、最終的には真っ白なゴルフボールだけが綺麗に収まっている様子を……。どうですか？　シンプルで美しいでしょう？　**自分にとって大切なものだけで満たされること。これこそが歳を重ねることの醍醐味なのです。**

53 人を感動させるための人生ではなく、自分自身を感動させる人生を。

私たちは、家族、パートナー、友人、学校の先生、会社の上司や同僚、時には知らない人たちまでも感動させるために、無意識のうちに相当な時間とエネルギーを費やしています。そして、人がどう思うかとか、人から反対されるのではないかということを、常に心配してしまいます。この〝周りの人をがっかりさせたくない〟という気持ちが、本当の気持ちを邪魔することがままあります。

例えばこんな状況を想像してみてください。誰もがあなたの恋人のことを「素敵な人ね！」「彼って完璧ね！」と褒めてくれるけれど、実はあなた自身はどこか幸せではない……。逆に、あなたが一緒にいて心地良く、とても魅力的だと思っている恋人でも、周りの人の評判はいまいちで、「あなたにはもっと素敵な人がいるはずよ」と言われてしまう……。仕事でも同様のことがあるかもしれません。今の仕事はみんなに羨ましがられるからとか、聞こえのよい役職だからとか、両親が望む仕事だからとか、家業だからという理由で続けているけれど、あなたの情熱はそこになく、心の奥底では全く違うことをやりたいと思っている……。このような時、私たちは周囲の意見にもろくも影響されてしまうものです。

しかし、どれほど周りの評価を気にしていても、その人たちとの関係はいつか必ず終わりを迎えます。だんだんと希薄になる友人関係もあれば、引っ越しや転職でつきあいが途絶えることもあります。残念ながら、親やパートナー、大親友も、いずれ亡くなるのです。結局、あなたにとって最も長くつきあっていく「人」は、間違いなく自分自身です。つまり、最も感動させるべき「人」は、あなた自身なのです。

人の一生は儚《はかな》いものです。残念ながら周りの人すべてを感動させている時間はありません。ですからもっと自分に正直になっていいのです。そのことで周りの人を不幸にするのではないかと心配する必要はありません。自分自身を感動させるために努力していると、ハッピーで前向きな気持ちが芽生え、そのポジティブな雰囲気が周囲の人にもさざ波のように広がり、最終的にはその人たちも幸せにすることができるのです。

自分の気持ちに正直でいること。やりたいと思うことをやること。そこから生まれる強くしなやかなパワーが、「自信」という最上のドレスとなり、何よりもあなたを輝かせてくれるのです。あなたは他の誰のためでもなく、自分のために、あなた自身が正しいと思う道を迷わず進めばいいのです。

巻末ふろく

メンタルに
悪い食べ物・良い食べ物

自信がないのは食べ物のせいかもしれません。

食べ物が身体の健康だけでなく、美容にも密接な関わりがあることは皆さんもうご存じだと思いますが、実はメンタルにも非常に大きな影響を与えるということが、最近の研究でより明確になってきました。この本では、自信という最上のドレスを纏《まと》うためにはどうすればよいか、そのＨＯＷ ＴＯを具体的に説明してきましたが、そのすべてを忠実に実行しても、間違った食生活をしているとその効果が出ない可能性があります。せっかくの努力を無駄にしないためにも、最後に自信をつけるための食べ物の賢い選び方をお教えしたいと思います。

まず、**メンタルのために避けたい食べ物は、ファストフードや菓子パン、スナック菓子、保存料や化学調味料、添加物がたくさん入っている加工食品など、「ジャンクフード」と呼ばれるものです。**明確な定義はありませんが、一般的に悪い油や糖分、精製された炭水化物を大量に含んでいて、栄養価が低く、身体に害を及ぼす食品です。ジャンクフードは食べている人が非常に美味しく感じて、少量でやめられず、病みつきになるように意図的に作られています。麻薬のヘロインに近い中毒性があるという研究結果すらあるほどです。ジャンクフードを食べると脳の快楽中枢が刺激され、麻薬と同様により多くのジャンクフードを欲してしまうというからくりです。「スーパーサイズ・ミー」というドキュメンタリー映画を観れば、ジャンクフードにどれだけ中毒性があるかは一目瞭然です。

とても安価で簡単に購入できますが、〝ジャンクフード〟（がらくたの食べ物）と呼ばれるのには相応の理由があり、良いことは何ひとつないと言っても言いすぎではありません。健康な身体のためにも、美しさを保つためにも、自信に満ち溢れ、日々ハッピーな気分でいるためにも、ジャンクフードは最大の敵なのです。

逆に、安定した精神状態を保つために、味方になってくれる食べ物もあります。食べ物は薬と違って即効性はありませんが、毎日のコツコツとした積み重ねが、10年後、20年後、30年後のあなたの顔に、外見の美しさ＋内側から溢れ出る自信となって必ず表れるのです。

食品加工の技術が進めば、栄養素をギュッと凝縮したサプリメントが開発されて、一日1

粒飲めばその日に必要な栄養素をすべて摂取できるなんてことになるのでは？　と期待している人もいるかもしれませんが、そんなことはありません。りんご1個でも1万種類以上ものフィトケミカルがパーフェクトなバランスで含まれているのです。人間が作り上げた加工食品は、決して自然の食べ物を超えることはできません。自然の力を信じて、毎日地道に自然の恵みを摂り続けることが、美容のためにも、メンタルのためにも、勝るもののない王道なのです。

では、何を避けて、何を食べればいいのか、具体的にご説明していきましょう。

避けたいもの

1

トランス脂肪酸

「マーガリン」「ショートニング」「植物油」「植物油脂」「加工植物油脂」「ファットスプレッド」などを含む食品

「トランス脂肪酸」という言葉を聞いたことがありますか？　「食べるプラスチック」との別名を持つ非常に危険な成分で、植物油に水素を加えて化学的に作り出される安価な油の中に含まれています。トランス脂肪酸を多く含む食品の代表格、マーガリンやショートニングは、もともと自然界に存在するバターやラードよりも低コストで製造することができるので、企業にとって魅力的であると同時に、バターやラードよりも健康的というイメージで広く普及しました。しかし、今日では健康に害を及ぼす危険因子として世界中で規制が進んでいます。それなのに、日本では、未だにバターよりもマーガリンがヘルシーだというイメージを持っている人が多いように思います。

美意識の高い方は、太らないために、または美しいお肌のために、避けるよう気を付けているかもしれません。最近では、心臓病や不妊症（男性・女性共に）、子宮内膜症などの婦人科系の病気、アルツハイマー病とも関連性が指摘されています。さらに恐ろしいことに、最新の研究によるとトランス脂肪酸は身体だけでなく、精神状態にも深刻な悪影響を与えることが分かってきました。

スペインで1万2059人を対象に6年にわたって行われ、2011年に発表された研究によると、トランス脂肪酸を多く含む食事を摂る人は、トランス脂肪酸をほとんど摂らない人に比べて、うつ状態になるリスクが48％高いということが明らかになりました。また、2013年に発表された研究では、妊娠中に妊婦がジャンクフードを摂り過ぎると、生まれてきた子供は不安感やうつ状態など不健康な精神状態になる可能性が高いという結果も出ています。

それにもかかわらず、日本ではトランス脂肪酸が大量に含まれる「マーガリン」や「ショートニング」「植物油脂」「加工植物油脂」「ファットスプレッド」が、ファストフードや食パン、菓子パン、スナック菓子、ドーナッツ、ケーキ、クッキー、揚げ物、マヨネーズ、カップラーメン、健康補助食品を謳《うた》った栄養バー、そしてこの他にもほとんどの加工食品に使用されています。なぜならば、トランス脂肪酸を入れることにより、サクサクな食感やクリーミーさを出すことができますし、保存料の役割も果たすからです。そして何よりも、もっと食べたいと思わせる中毒性が非常に高いので、商品の売り上げに貢献しているのです。

トランス脂肪酸は欧米では健康を脅かす危険な油として広く知られ、すでに使用規制がかけられている国もたくさんあります。例えば、日本の厚生労働省にあたるアメリカ保健福祉省の食品医薬品局（Food and Drug Administration）は、２００６年から加工食品への含有量表示を義務付け、さらに２０１３年11月には全面使用禁止にする方針を固めました。外食産業における規制も進んでおり、アメリカのニューヨーク市では２００８年に飲食店におけるトランス脂肪酸の規制が施行されました。では、ニューヨークからファストフード店がなくなったかというと、そうではありません。トランス脂肪酸を含まない、または含有量の少ない油を使用するようになったのです。つまり、技術的にはトランス脂肪酸を使用しないことも可能なのに、日本でその方法が普及しないのは、単純にコストが高いからです。他にも、デンマーク、スイス、オーストリア、スウェーデン、アイスランド、アメリカの一部の州では規制が、また、韓国、台湾、カナダ、アルゼンチン、チリ、ブラジル、パラグアイ、ウルグアイでは表示が義務化されていますが、日本では未だに原材料欄への表示義務はなく、その危険性もあまり知られていません。

そこで**大切なことは、自分の身を守るために〝食材探偵〟となって原材料欄をしっかり確認することです。**特に、子供を持つお母さんはよく見てください。子供用にとてもヘルシーなイメージで売り出している食品でも、原材料欄の最初の方に複数のトランス脂肪酸が記載されていることもあり、ショックを受けるかもしれません。

一日も早く、日本でもトランス脂肪酸含有量の表示が義務化され、さらに使用が規制、禁止される日が来て欲しいと願っていますが、それまでは自己防衛するしかありません。ハッピーな気分で毎日を過ごすために、そしてもちろん、健康な身体とスリムなボディライン、美しい肌をキープするためにも、正しい知識を身に付けて賢く選びましょう！

※原材料欄に「植物油脂」「植物油」「食用油」と書かれていても、エキストラバージンオリーブオイル、アボカドオイル、ごま油など、精製されていない自然の油を使用している場合は、トランス脂肪酸をほとんど含まないこともあります。

避けたいもの

2

糖分

（砂糖や精製された炭水化物）

「ぶどう糖果糖液糖」「果糖ぶどう糖液糖」「高果糖液糖」「小麦製品（パン、パスタ、ケーキなど）」「白砂糖」

スリムなボディを目指すなら、カロリーコントロールよりも血糖値コントロールが大事という話を、これまでの本の中でも繰り返し説明してきました。食べた時に血糖値が急上昇するか、緩やかに上昇するかということが重要で、血糖値を急激に上げる砂糖や精製された炭水化物こそがダイエットの大敵なのです。

しかし、これらは単に身体に影響を与えるだけでなく、メンタルにも非常に危険な影響を与えるということが、最近の研究でさらに明らかになってきました。**砂糖や精製された炭水化物を摂取すると血糖値が一気に上がってとてもハイになり、一瞬とても幸せな気分になります。しかし、血糖値が上がったというサインを受けてインスリンというホルモンが大量に分泌されると、今度は血糖値が急降下するので、すぐにイライラしたり、疲労を感じたりします。**そして、また甘いもの、つまり糖分の多いものを食べたいという強い欲求にかられます。この「どうしても甘いものが食べたい!!」という気持ちにさせる糖分の中毒性は、麻薬並みに強いともいわれています。

特に気を付けていただきたいのが異性化糖（高フルクトース・コーンシロップ）という液糖で、「果糖ぶどう糖液糖」や「ぶどう糖果糖液糖」と表示され、単に「コーンシロップ」とも呼ばれる甘味料です。清涼飲料水やデザート、ヨーグルト、ドレッシングなどの原材料欄を見るとかなりの頻度で登場します。もともとの原料はとうもろこしなどのでんぷんなので、人工甘味料よりヘルシーなイメージがあるかもしれませんが、それは大間違い！　トランス脂肪酸のように化学的なプロセスで作られているので、とても危険なのです。また、人工甘味料と同様に摂取しても満腹感を得られないので、もっと食べたい！という欲求が抑えられなくなるのです。

そしてまた糖分の高いものを食べて気分の高揚を味わい、数時間後にすぐ気分がダウンしてだるくて落ち込む……ということを繰り返す「気分のジェットコースター」状態になってしまいます。これがさらに悪化すると、ついにはうつ病を発症してしまうケースもあります。最近の子供が、感情をコントロールできず、キレやすくなっているといわれるのは、食生活の変化に一因があると私は考えています。

もちろん、感情をうまくコントロールできない原因は他にもいろいろ考えられますが、食べ物が身体だけでなく、心にも非常に大きな影響を与えていることに気付いて、その仕組みをきちんと理解してください。そうすれば、血糖値を急上昇させるメニューの代表格であるトースト＋ジャム＋コーヒーだけの朝食を摂ったり、朝の空っぽの胃に砂糖たっぷりの缶コーヒーやエナジードリンクを流し込むことが、いかに危険な行為か分かっていただけることでしょう。

血糖値を安定させるためのキーポイントはタンパク質。詳しくは「積極的に摂りたいもの３」でお話しします。

避けたいもの

3

人工甘味料

「アスパルテーム」「スクラロース」「サッカリン」「アセスルファムカリウム」など

ダイエットの強い味方として宣伝されることが多い〝ゼロカロリー〟や〝カロリーオフ〟〝糖質オフ〟を謳った食品。これらはもともと自然界には存在しない甘味料、つまり化学的に合成して作られた甘みを使っている場合がほとんどです。

確かに人工甘味料にはカロリーはありません。しかし体内に入ると、とても危険な事態を引き起こします。食欲を調整する満腹中枢は、人工甘味料が口に入って甘みを感じると、唾液を出して分解する準備を始めます。しかしいつまで経っても糖分が身体の中に入ってこないので、脳が「もっと糖分を摂りなさい！」という信号を出して、食欲をさらに増進させてしまいます。

痩せるためにゼロカロリーの食品を選んだのに、逆にさらに太ってしまうという悪循環になってしまうのです。

また、人工甘味料は天然の甘味料よりもはるかに甘さが強く、砂糖と同じような中毒性も懸念されています。

さらに、精神状態も蝕《むしば》む危険性が明らかになってきています。**人工甘味料を使用したダイエット飲料を大量に飲んでいる人は、全く飲んでいない人に比べうつ病になるリスクが30％高いという報告や、攻撃的な行動を示したという報告もあります。**まだ新しい分野ですので今後さらなる研究が必要だと思いますが、魅力的な〝カロリーゼロ〟〝カロリーオフ〟の宣伝文句の裏側にはこのような危険が潜んでいるのです。

例えばコンビニでヨーグルトの棚を覗《のぞ》いてみると、甘みが加えられているヨーグルトがたくさん並んでいますが、何を使って甘くしているかは商品によって全然違います。特に「カロリーオフ」と書かれている商品は要注意！　必ず原材料欄をチェックしてください。

決して白い砂糖をおすすめするわけではありませんが、人工甘味料や果糖ぶどう糖液糖、ぶどう糖果糖液糖が入っているものよりは、シンプルに「生乳、砂糖」とだけ書かれているものの方がまだましです。もちろん一番のおすすめは、何も加えられていないプレーンヨーグルトを買って、はちみつ（砂糖が加えられていない１００％のもの）やメープルシロップ、アガベシロップなどの自然な甘味料で甘みを加えることです。

甘いものを我慢するだけではストレスがたまってしまいます。安全な甘味料を賢く選んで、上手におつきあいしていきましょう。

避けたいもの

4

グルテン

（小麦・ライ麦・大麦に含まれるタンパク質の一種）

小麦製品（パン、パスタ、ケーキなど）

グルテンとは小麦、ライ麦、大麦に含まれるタンパク質の一種で、最近ではグルテンフリーダイエット（グルテンを抜く食事法）が欧米で大ブームになっています。パンやお菓子などでも"GLUTEN FREE"（グルテンは入っていません）というマークがパッケージに記載されているものが増えてきました。

グルテンを抜く食事法は、もともとはグルテンによって腸が炎症を起こし、栄養を摂取できなくなってしまう重度のグルテンアレルギー（セリアック病）の人のために考えられたものです。しかし、そこまではっきりした症状が出ない人でも、腹部の膨満感や消化不良、下痢や便秘、肌荒れ、ＰＭＳ（月経前症候群）、生理不順、不妊症、喘息《ぜんそく》、偏頭痛、関節炎、肥満など、グルテンの摂取でなんらかの体調不良が出ている人をグルテン過敏症と言い、アメリカでは20人に１人が当てはまるといわれています。日本ではグルテン自体がまだあまり知られていないので、これらの症状がグルテンによって引き起こされているということに気付いていない〝隠れグルテン過敏症〟の人がたくさんいると思います。しかも小麦摂取量の増加にともなって、これからますます増えると予測されます。

グルテンに含まれるグリアジンという成分は、脳内で麻薬のような働きをして食欲を刺激します。中毒性がとても強く、一日約４００キロカロリー分も余計に食べてしまうという研究結果があるほどです。また、小麦にはアミロペクチンＡという普通のでんぷん質より血糖値を上昇させる働きが強いスーパーでんぷんが含まれているので、肥満の原因になってしまいます。このようなことから、グルテンフリーダイエットは肥満予防としてメジャーになりました。

また、グルテンがメンタルにも悪影響を与えるということが最近の研究で注目を集めています。**慢性的な無気力感や集中力の低下、感情の起伏が激しくなったり、うつ気味で落ち込むことが多くなるのも、グルテンの過剰摂取が原因になっている可能性があります。**

ミランダ・カーやアン・ハサウェイのような女性セレブだけでなく、テニス界の王者、ノヴァク・ジョコビッチやクリントン元アメリカ大統領のような男性セレブも、パフォーマンスや集中力アップのためにグルテンを抜く食事法を取り入れています。私自身も16年前にこのグルテンを抜く食事法を始めてから、腎臓の自己免疫病の症状が良くなり、長年悩まされていた慢性疲労や無気力感から脱することができました。

重度のグルテンアレルギー（セリアック病）でない限り、完全にグルテンをカットする必要はありません。しかし、メインで大量に小麦が使われているパンやパスタ、ピザ、焼き菓子をなるべく避けて、ご飯や和菓子にするだけでも、身体の調子が良くなったり、前向きな気分になったと感じる人もいると思います。難しく考えなくても、洋食より和食を選ぶようにするだけで自然とグルテンの摂取量は抑えられますので、ぜひ試してみてください！

積極的に
摂りたいもの

1

良質な油

液体の油：「オリーブオイル」「アボカドオイル」「ごま油」「亜麻仁《あまに》油」など
固体の油：「魚」「アーモンドやクルミなどのナッツ類」「ココナッツオイル」など

日本では油全般がダイエットの大敵として避けられる傾向が強いですが、それは大きな誤解です。痩せやすい体質になるために良い油がいかに大切かということは、これまでの本でもお伝えしてきた通りです。さらに、良い油は安定したメンタルのためにも欠かせません。例えば青魚に多く含まれるＤＨＡは、ハッピーな気分を維持してくれます。良い油はイライラを抑え、穏やかな気分にしてくれるので、うつ病のリスクを低くするという研究結果もあります。

オリーブオイルのような液体の良質な油は、一日大さじ2杯（30㎖）くらいを目安に摂りましょう。また、油と聞くと液体の油だけを想像する人も多いと思いますが、食物の中に含まれる良い油も意識して摂るようにしてみてください。人間の体内で作ることのできない良質な油、オメガ3脂肪酸をたくさん含む魚は、週に4回は食べていただきたいですし、血糖値を安定させる良質な油をたっぷり含んだアーモンドやクルミなどのナッツ類は、一日に手のひらに軽くのるくらいの量を食べてください（ただし、揚げていない素焼きのものか、生のものを選んでください！）。また、飽和脂肪酸に分類され、かつては美と健康の大敵とされていたココナッツオイルも、現在では身体に蓄積されづらい中鎖《ちゅうさ》脂肪酸だということが分かり、注目を集めています。

日本の女性は未だに油恐怖症の人が多いですが、美しい肌のためにも、スリムなボディのためにも、そして、幸せな気分でいるためにも、決して怖がらないで積極的に摂りましょう！

積極的に摂りたいもの

2

色鮮やかな野菜や果物

野菜：「ブロッコリー」「ほうれん草」「小松菜」「人参」「さつまいも」「カボチャ」「玉ねぎ」「にんにく」など
果物：「ベリー類」「りんご」「プルーン」「グレープフルーツ」「アボカド」など

野菜をたくさん食べなさい！ 子供の頃からずっと言われてきたことですよね。健康のためにも美容のためにも、積極的に摂りたい食材であることは疑いの余地がありませんが、実はメンタル面にも非常に良い影響を与えていることが分かってきました。

例えば、美しい肌をキープしてくれるというイメージが強いポリフェノールですが、毛細血管を強くする働きもあり、結果として酸素や栄養素が身体の隅々まで行き渡ります。すると頭の回転が速くなり、記憶力や集中力もアップします。

2012年にイギリスで行われた研究によると、毎日の野菜や果物の摂取量が多い人ほど幸せだと感じているという結果が出ました。他にも野菜をたくさん摂取している人はうつ病のリスクが低いという研究があることからも分かるように、野菜は身体の健康だけでなく、心の健康にも一役買っているのです。

ただし、野菜に含まれる素晴らしい栄養素の中には、カロテンやビタミンA、ビタミンE、ビタミンKのように脂溶性（水に溶けにくく、油に溶けやすい性質）のものもありますので、良質な油と一緒に食べることをお忘れなく。油がないと吸収力がダウンしてしまいます。**せっかくの栄養素が無駄にならないよう、野菜と良い油をセットで覚えておきましょう。**

積極的に
摂りたいもの

3

タンパク質

「魚」「卵」「大豆」「肉」

血糖値が乱高下することによって起こる気分のジェットコースターを防ぐには、毎食必ずタンパク質を摂ることがポイントです。「いただきます！」の後の最初のひと口は、タンパク質を選びましょう。こうすることで、その後、口にする炭水化物による血糖値の急上昇を抑えることができるのです。

本当は、焼魚、納豆、卵、おひたし、漬け物、お味噌汁、ご飯というような昔ながらの和食の朝ご飯を摂るのが理想的ですが、朝にどうしてもパンが食べたいという人は、トーストの他に目玉焼きを添えるだけでも血糖値の上昇がかなり緩やかになります（ただし、原材料欄にマーガリン、ショートニング、加工植物油脂、植物油脂が記載されていないパンにしてくださいね！）。また、砂糖がたくさん入ったシリアルを食べている人は、ヨーグルトや素焼きのナッツ類を加えてみましょう。

甘いものが大好きでやめられないという人は、白砂糖よりも血糖値が上がりにくいはちみつ（砂糖が加えられていないはちみつ１００％のもの）やメープルシロップ、アガベシロップ、ココナッツシュガーに替えてみるのはいかがでしょう。

スリムな身体を保つためだけではなく、安定した気分を保ち、自信に満ちた輝きを放つためにも、カロリーよりも血糖値コントロールを意識してメニューを選びましょう。

積極的に摂りたいもの

4

精製されていない炭水化物

「玄米」「キヌア」「そば」「きび」「あわ」「オーツ麦」

日本でも流行している糖質カットダイエット。炭水化物をすべてカットして、糖分を摂取しないようにする方法は、確かに一時的には効果を発揮するかもしれません。しかし炭水化物をカットすると、精神状態を安定させるセロトニンというホルモンの分泌量が減ってイライラしてしまうので、ダイエットは長続きせず、リバウンドしてしまいます。また、炭水化物は脳のガソリンのようなもので必要不可欠なので、カットするとやる気や集中力も低下してしまいます。そしてまた、「私ってなんでこんなに意志が弱いんだろう……」と自分を責めたりしていませんか？　それはあなたの意志のせいではなく、単純に人間の身体の仕組みを理解していないがゆえの過ちなので、決して自分を責めないでください！

一番のおすすめは玄米です。精製されていないので栄養素が取り除かれておらず、ビタミン、ミネラル、食物繊維がたっぷりです！　ただし、いくら食べてもいいわけではありません。もともと日本人は炭水化物を摂りすぎる傾向にあるので、「炭水化物：タンパク質：野菜&果物＝1：2：3」のゴールデンバランスを意識するようにしましょう。

どうしても玄米が苦手という人には、他にも良質な炭水化物がいろいろあります。南米原産で栄養価の高い穀物「キヌア」は日本でも手に入りやすくなってきましたし、ご飯と同じように炊いて食べることもできるので、日本の方には馴染《なじ》みやすいのではないかと思います。小麦を使わない「十割そば」や、昔ながらの「きび」「あわ」、そして、グルテンを含まず、食物繊維、鉄分、カルシウムが豊富な「オーツ麦」もおすすめです。

ダイエットブームに流されて、炭水化物をやみくもにカットしている人は、ちょっと立ち止まって考えてみてください。どんなに体重が落ちても、あなた自身が幸せな気分になれなければ、何のための努力か分かりません。精神を安定させ、幸せな気持ちにしてくれるホルモン、セロトニンの分泌を極端に減らさないよう、良質な炭水化物をしっかり見極めて、メンタルを上手にコントロールしていきましょう！

いかがでしたか？　食べ物がいかにメンタルと強く結びついているかをお分かりいただけたと思います。今まで自信が持てなかったのは、きっとあなたのせいではありません。身体と心の仕組みをきちんと理解して、これから先の人生、ずっと無理なく続けられる、自分のためだけのオリジナルの食べ方を作り出してください。これこそが、内側から溢れ出る自信を作り出す極意なのです。

Epilogue

おわりに

「自分は生きている価値がないと思っていました」

数年前に届いた一通のファンレターに書かれていた一文が、今でも忘れられません。2009年に『世界一の美女になるダイエット』を出版して以来、たくさんの日本の女性と出会い、内側から健やかに輝くための食生活についてお話しする機会をいただきました。

その中で、今のままでも充分に美しく、魅力的なのに、自己評価が極端に低く、食べ物だけでは解決できない深い心の闇を抱えている女性がたくさん存在することに気付きました。そのことがずっと気がかりだったのです。

彼女たちがもっともっと輝くためにはどうすればいいのだろう？　その気持ちから約2年かけて少しずつ書き溜めた本が、ようやく完成しました。

世界一の美女は、自分にないものではなく、自分が持っているものに価値を見出し、大切にできる人。自分に生まれた幸運に感謝できる人。ありのままの自分を受け入れ、自分を偽らず、自分が自分であることに心地良さを感じられる人。こういう心の状態の時、その人に絶対的な魅力が与えられるのです。

あなたはあなたのままでいいのです。

あなたのままでいてください。

世界70億人の中で、唯一あなただけが持つその魅力で、今日もあなたの笑顔が健やかに輝いていますように。心から願いを込めて——。

２０１４年６月　エリカ・アンギャル

エリカ・アンギャル

Erica Angyal

2004年から8年間、ミス・ユニバース・ジャパン公式栄養コンサルタントとして世界一の美女を目指すファイナリストたちに「美しくなる食生活」を指南。栄養学、薬理学、生理学など予防医学における幅広い専門知識を駆使し、〝内側からより美しく、心も身体も健やかに輝く〟をテーマに、ハッピーな毎日のための食とライフスタイルを発信。

1969年オーストラリア・シドニー生まれ。シドニー工科大学卒業、健康科学学士。ネイチャーケアカレッジ卒業(栄養学)。オーストラリア伝統的医薬学会(ATMS)会員。オーストラリアで医師とともに、アレルギーや自己免疫疾患、心臓病や糖尿病などの生活習慣病や、肌コンディションに悩む患者の治療に従事する。

著書『世界一の美女になるダイエット』『世界一の美女になるダイエットバイブル』『30日で生まれ変わる美女ダイエット』(以上、幻冬舎)は累計50万部のベストセラーとなり、多くの女性たちの食に対する意識を変革した。その他に『美女の血液型BOOK』『美女の血液型別お弁当BOOK』(ともに主婦と生活社)、『グルテンフリーダイエット』(ポプラ社)などがある。

✦構成・翻訳　石山和子

✦カバー写真・スタイリング　菊岡俊子

✦ブックデザイン　原てるみ(mill design studio)

✦編集　竹村優子(幻冬舎)

自信という最上のドレスの手に入れ方

それは小さな積み重ね

二〇一四年七月二十五日　第一刷発行
二〇一四年八月　五　日　第二刷発行

著　者　エリカ・アンギャル
発行者　見城徹
発行所　株式会社　幻冬舎
〒一五一－〇〇五一
東京都渋谷区千駄ヶ谷四－九－七
電話〇三（五四一一）六二一一（編集）
〇三（五四一一）六二二二（営業）
振　替　〇〇一二〇－八－七六七六四三
印刷・製本所　株式会社　光邦

検印廃止

万一、落丁乱丁のある場合は送料小社負担でお取替致します。小社宛にお送り下さい。本書の一部あるいは全部を無断で複写複製することは、法律で認められた場合を除き、著作権の侵害となります。定価はカバーに表示してあります。

ISBN 978-4-344-02608-7
C0095

幻冬舎ホームページアドレス　http://www.gentosha.co.jp/

この本に関するご意見・ご感想をメールでお寄せいただく場合は、comment@gentosha.co.jp まで。